BELO RIZONTINO

DIAS E NOITES NA CAPITAL

BELO RIZONTINO

DIAS E NOITES NA CAPITAL

CARLOS ALMEIDA JOSÉ

Editora
LETRAMENTO

EDITORES:
Gustavo Abreu

PROJETO GRÁFICO, DIAGRAMAÇÃO E REVISÃO:
Nathan Matos | LiteraturaBr

ILUSTRAÇÕES DE CAPA E MIOLO:
LEANDRO CARAM

CAPA:
João Gabriel Moreira

Este livro foi editado respeitando as novas regras ortográficas.

Dados Internacionais de Catalogação na Publicação (CIP)
Bibliotecária Juliana Farias Motta CRB7- 5880

J831b José, Carlos Almeida
Belorizontino : dias e noites na capital / Carlos Almeida José ; Ilustrações Leandro Caram . -- Belo Horizonte, MG : Letramento, 2015.
124 p.: ilustrado ; . 21 cm.

ISBN: 978-85-68275-47-4

1.Romance – Literatura brasileira.2. Ficção brasileira. I. Caram, Leandro. II. Título. III.Título : dias e noites na capital.

CDDB869.3

Editora
LETRAMENTO

Impresso no Brasil.
Printed in Brazil.

Sumário

Para o professor Jair Corgozinho

O dia em que nós nos conhecemos

O dia em que nós nos conhecemos começa com um esbarrão intencional na fila da São Domingos. Você reclama e ruge xingamentos, ofendendo ascendentes que nunca conheci. Aproveito a deixa para elogiar seus óculos escuros de plástico descascado. Meu canto de sereia te conduz até o banco de madeira e ganho alguns minutos para fazer meu trailer: te conto todos os meus segredos, taras e fobias enquanto o sorvete de pistache escorre pelos dedos. Em troca, você me dá uma careta todas às vezes em que a pazinha de madeira te coça a língua.

Seguindo a regra universal do "dois carros de distância", te sigo até o Shopping Cidade, onde acabaremos lado a lado em uma sessão vespertina de uma comédia cochila–marido qualquer. É terça-feira, as cadeiras de pano vermelho são ocupadas por aposentados, traficantes de ocasião, alunos do SOMA e secretárias em *affairs* com seus patrões. Ficamos em silêncio até acenderem as luzes da sala, é quando você se joga sobre mim, ficamos como um casal adolescente escondido durante os Jogos Escolares e morde minha boca inapelavelmente.

É noite e seguimos pela Rio de Janeiro. Você me puxa pela mão para dentro de um karaokê, onde a terceira caipirinha é grátis – e fatal. Desesperado, canto no seu ouvido todas as músicas do caderno em que aparece a palavra "amor", cortando os lábios com os choques do microfone desencapado. Quando te flagro batendo o canudinho alvirrubro no gelo em busca de mais cachaça, sei que estou apaixonado. Você sorri e passa as mãos na parte de dentro da coxa, enxugando o suor, enquanto me confessa façanhas corporais até então não conhecidas pela Física.

O relógio vira e andamos no breu. Quero ir embora logo para roçar minhas sobrancelhas nas suas, contar as flores da sua saia. Você insiste em empurrar meus pés em outra direção. Só retomo a consciência quando percebo estar na frente de um armário de terno. Ele será a única pessoa que perguntará o meu nome em toda esta história. O seu ele há muito já sabe, e te beija na boca antes de bater com um carimbo azul nas costas da minha mão esquerda. Furamos a fila e entramos na Obra. A boate está lotada e é quando você me percebe, olha minha boca e me diz seus segredos, taras e fobias. Empate. Duvido de tudo e faço biquinho enquanto você se exorciza em transe na pista de dança. E o tremor do ar-condicionado se confunde com o som do quarteto de pós-indie-surf do Caiçara. As mulheres querem ser você, os homens querem comer você. Eu não te aguento mais.

A Praça da Liberdade amanhece com nós dois ocupando um dos bancos na viela central. Lobistas, vendedores de picolé, madames e babás dão intermináveis voltas; nos orbitam em diferentes velocidades, como se a ponta do seu nariz fosse um segundo Sol. E há de alguém me provar que não é. Deitado nas suas pernas, sonho que suas mãos são nuvens que penteiam os meus cabelos.

Com a violência, você me puxa pelas escadas do Minas, sob os olhares de reprovação das Ana-Maria-Bragas do Lourdes. Sozinhos na sala de troféus, pergunto pelo seu biquíni e você, com um sorriso amanteigado, tira a saia e a blusa. Você me mostra a cor das suas vergonhas, eu te mostro as cores das minhas e logo as colocamos lado a lado e comparamos os tons lubrificados pelo suor.

De volta ao asfalto, enxugo meu rosto com a toalha roubada da piscina e quando coloco os óculos, me vejo falando sozinho em plena Rua da Bahia, sentindo saudades. Restou voltar para a São Domingos e terminar o sorvete de pistache que deixei encostado no balcão da São Domingos na manhã do dia em que nós nos conhecemos.

A dívida

A aliança caiu no chope e ela não percebeu. Como poderia? Está esgarçada sobre a mesa da pizzaria, debatendo sobre o aumento das passagens de ônibus, o machismo nos preços cobrados nas boates da Raja Gabaglia, o corte de cabelo do Neymar e o desemprego estrutural na Venezuela. E bebe.

O garçom espera em indiscreto soslaio o sumiço dos fiapos de muçarela para fechar a conta. Já está para perder a paciência: enquanto ela disseca e desconstrói o novo do Woody Allen, as fatias se amornam na sombra. Mas nada disso me toma a atenção, senão a aliança recém-perdida na caneca de chope da Parada do Cardoso.

Logo, mil cenários se abrem no leque mental do cronista, que, por má-criação, prefere se aventurar pelos tons mais sombrios: 1º – A aliança é feita de lata pintada, corrói-se no copo, a moça percebe o gosto e pega o anel, já disforme; mais tarde, será projétil jogado contra o noivo quando ele abrir a porta. 2º – Ouro maciço, incontáveis quilates, o futuro cônjuge a questiona quando ela chega em casa. "Você saiu com ela, sim". Ela não consegue se explicar. Vão dormir. Ele não consegue. Prestação 5 de 36. 3º – No caminho para casa, ela percebe e decide que fica melhor sem ele. Ponto. E pede ao taxista para dar meia volta.

Essas ranhuras narrativas vão me seduzindo para fora do quadro e quando volto a mim nem mesmo percebo que tudo já foi tirado de cima da mesa, inclusive o copo com a aliança. Os maxilares estão parados, todos estão satisfeitos, esperando a maquininha do cartão.

Por motivos morais, jurídicos, religiosos, meritocráticos ou patrimonialistas, talvez eu devesse tê-la avisado da aliança dentro do chope. Seria um acontecimento fofo, a ser contado e recontado diversas vezes na festa de casamento na semana que vem. O noivo, agora marido, teria batido no meu ombro e tocado o baile noite afora. Agora, esquece! Esse cenário foi embora junto com os garfos e guardanapos sujos.

Ao constatar que a perda definitiva da aliança é um acontecimento acabado, perfeito, sinto-me ainda mais culpado. De algum modo, sou corresponsável por qualquer desígnio que não venha a ser cumprido. Pior, a minha omissão demandará novos contornos, imprevisíveis até para o melhor dos romancistas – ou para o João Bidu.

Quando a conta chega, me deixo ser o último, e me prontifico a acertar a parte minha parte direto no caixa, perto dos banheiros. Longe de todos – a noiva fuma do lado de fora, esperando o pessoal tirar o carro do estacionamento – me resta um gesto conciliador. Tiro minha aliança de casamento do anelar direito e a estufo no fundo do canguru do porta-conta de couro, na esperança de que isso quite a eventual dívida com os destinos que ajudei a desorientar.

Rabiscos

Que me perdoem os *multitaskers*, mas domingo é para estas coisas: passei a manhã repassando na cabeça todos os rabiscos que já fiz nessa cidade. Um versinho clichê feito a lápis na mesa enquanto não entregavam a prova, um nome-e-data riscado de pedrinha na cruz da Praça do Papa, o número lá de casa passado à bic na lancheira da Giovanna da sala B, um tremendo palavrão no banheiro da rodoviária. Lembrei de tudo. Até daquelas declarações de amor arranhadas no muro de pedra da Igreja São José enquanto o ônibus para casa custava em aparecer.

Superada a vergonha, admito que pretendia a eternidade – todas as vezes. Ora, se fosse só para passar recado usaria o celular ou deixava bilhete. Se escolhi uma outra superfície, que não o vento ou o papel, foi porque queria ver o registro ficar o tempo que aguentasse. Ainda que fosse até o próximo mutirão da Prefeitura.

E tem mais, toda letra tem seu destinatário. Queremos mesmo é chamar atenção. Escrevemos para sermos lidos: às vezes por todo mundo – ganhar o debate nos murais do Facebook; fazer rir os mijões da rodoviária –, às vezes por alguém em especial – o verso firme bem no cantinho, o único ponto da carteira que a mocinha de trás consegue ver. Mas, principalmente, escrevemos para nós mesmos. Queremos saber se no futuro seremos capazes de lembrarmos de todas essas pegadas que deixamos por aí; e mais: se elas, tão rudimentares, continuarão firmes depois de partirmos, como pinturas rupestres nas incontáveis paredes, mesas e portas de banheiro que cruzaram a nossa breve existência.

Segundo os especialistas de alguma universidade do Reino Unido, os corações mal flechados no corrimão do Maletta costumam durar, em média, 2,5 vezes mais do que o próprio namoro que os inspirou. Mas que se faça justiça: os maiores trovadores do nosso tempo se perderam com a reforma dos parques e as rezas mais poderosas foram incineradas junto com as notas de R$1,00. Para deixar tudo ainda mais confuso, lhe digo que cada registro – tão somente pelo tempo que durar – é a prova cabal da existência de uma história, ou pelo menos, é a expressão do desejo de contá-la à eternidade.

A verdade é que existe uma chance real de que algum dos nossos rabiscos supere nossa existência corpórea, que terminará, inapelavelmente, em terra ou em pó. E se apagam também os nossos rabiscos, que provas terão os arqueólogos de que nós um dia estivemos aqui? A erosão da memória é a erosão da própria vida. Perdem-se os registros e morre todo o tempo. Mas, no breu de um domingo que acaba sem começar, o que mais dói é perceber que tudo isso não significa nada, ou ter a pura ciência de que a Giovanna da B nunca irá me telefonar.

O exame de Tipó

Joaquim Tipó foi vaiado assim que embarcou na van branca estacionada na Praça dos Ex-Combatentes, na cidadezinha de Cláudio. Era o último nome a ser riscado da prancheta do motorista, que agora passava de assento em assento colocando o cinto de segurança na velharada. Ê Fuzil! Foi a zomba que Joaquim teve de aguentar até que o motorista voltasse ao banco da frente e a *Sprinter* tomasse rumo para Belo Horizonte. O apelido – Fuzil – era recente. Faz uns dois meses que o pessoal do bar percebeu que toda vez que Tipó ia no banheiro, ele dava um grito e ouvia-se um estalinho na louça do mictório. Um dia, na volta do "Eles", o cabra admitiu que, além de sentir muita dor no aliviar, tava com o mijo um pouco pingado de sangue. O diagnóstico do bar foi imediato e a consulta foi marcada. Na semana seguinte, Fuzil, como agora era chamado, voltou de BH com um potinho de tampa branca na mão.

Salomão sempre foi o primeiro a acordar entre os sacerdotes residentes do Colégio Pio XII; são cinco, e moram todos no mesmo quarto no fundo da capela. Baixinho, ele bate com os dois pés no tablado de madeira – que gelo! – e corre apressado para o banheiro coletivo sem ao menos fechar a porta. Acordar com o canto da bexiga do Irmão Salô era algo rotineiro para um ou outro colega de internato. Mas desde a semana passada a coisa tomou uma outra dimensão: o alívio do diácono vinha acompanhado de respiração pesada e até de uns gemidos graves.

Os colegas resolveram não perguntar, mas os gemidos de Salô – cada vez mais frequentes – ultrapassaram o janelão colonial e uma noite o Padre pegou Salô pelo braço na saída do jantar. Sei que as tentações do fruto nos atacam até em sonho, mas na hora do pipi, homem de Deus? Não é o caso, Padre, o que sinto é um fogo, uma ardência, bem no foco do pecado. Hum, hum, entendo. É o caso de eu confessar perante ao senhor? Não seja bobo, Salô, cê vai é ver um médico, de preferência amanhã cedo.

Na volta da primeira consulta, Fuzil voltou todo todo na van, certo do que tinha de fazer. Era encher o potinho e levar para o doutor ver na semana seguinte. E só. Assim que botou os pés inchados no bar – e o potinho no balcão – contou do exame. Ele diz que dá pra saber o que é só de ver o mijo, até faria o exame na hora, mas ele me disse que quer que eu leve a primeira da manhã. A tranquilidade de Fuzil não convenceu a turma, que logo começou achar aquilo estranho. Quantos potinhos ele te deu? Só um? Não dá quase nada, compadre. Mas é o primeiro de manhã de amanhã ou do dia da consulta? E se até lá você melhorar? Fuzil, sem responder, ficou encarrando recipiente de plástico.

Aiii! Uiii! E logo um dos residentes tirou a cabeça do travesseiro, curioso. Os gemidinhos eram os de sempre – vez ou outra intercalados com uma entidade religiosa ("Oh, Pai!", "Santo Deus", "Cristo do céu") mas o barulho de fundo havia mudado: ao invés da habitual "cascata oca", o jato saiu com um som mais agudo, mais alto, com um soar mais espalhado. O surpreso espectador ficou na tocaia e flagrou o Salô saindo com o pote cheio na mão, todo meticuloso.

No bar, o comitê decidiu: para conseguirem o resultado mais preciso, Fuzil deveria fazer o exame na manhã da segunda, antes de ir para BH. Encostado na pia do banheiro, o potinho virou mero aformoseamento, à espera do grande dia. O "tiroteio" continuou durante toda semana e agora, a cada ida, o silêncio tomava o salão na expectativa do estilhaço que viria do mictório, e quando vinha, a turma não perdoava. Ê FUZIL!

E como foi lá no médico, irmão? Aprochegou-se o Padre na saída da vigília vespertina. Suspeitam que estou com uma infecção, mas vou fazer um exame de urina, de todo jeito já me deram um creminho, para aliviar um pouco. O Padre sorriu. Viu, rapaz? És homem de Deus, mas não deixa de ser homem, e quando é sua consulta? Vai ser na segunda que vem. Na verdade, o diácono não estava com toda aquela confiança: o papelzinho branco que vinha dentro do potinho tinha apenas três instruções: "1. Recolha a primeira urina da manhã, descartando o primeiro jato; 2. Encha todo o recipiente e lacre-o bem após recolher a amostra; 3. Evite guardar o recipiente na geladeira ou deixá-lo ao alcance de crianças". Mas era para recolher toda manhã, completando o pote aos pouquinhos? E se a urina que ele usasse para o exame fosse, por um acaso do metabolismo, limpa? Afinal, não era todos os dias que ele sentia a purgação dos seus pecados... Salô pensou, pensou e pensou. Só havia um jeito de garantir que o exame de urina foi realmente confiável: ele armazenaria tudo, pingo a pingo. Nem que tivesse que usar o galão da sala dos professores.

Na manhã da segunda, agitação na casa dos Tipós. Ele ia de um lado a outro, rodando pela casa. A mulher pescou. Tá procurando o quê, criatura? Não é nada, bem. Por vergonha, Fuzil, muito macho, não contou pra mulher da ida à capital, muito menos do exame. Diz logo, às vezes eu sei onde tá. Com o olho no relógio, ele seguia a busca cada vez mais agitado. Nem a Sprinter nem a bexiga iriam esperar por mais tempo. É aquele potinho branco, que tava no banheiro? Joaquim parou. É, cadê o bendito? Uai, bem, eu usei pra congelar um restim de alho que sobrou do almoço de ontem...

No terceiro andar do Madre Teresa, sentaram-se lado a lado. Salomão está reto, confiante em seu plano infalível: segurava com um pet de dois litros cheios, bem escondidos debaixo da larga batina marrom que pegou escondido do Pe. Jorge. Joaquim Tipó se retorcia timidamente, como em um touro mecânico imaginário, segurando do seu ímpeto de ir ao banheiro, que cresceu de Cláudio até ali. Ele pensou que a secretária teria outros potinhos para oferecer, sem sucesso. Só posso te dar outro com autorização do doutor, que está no meio de uma consulta, é melhor o senhor esperar a sua vez. Até que o Padre, já realizado, pôs a *pet* cheio no chão da sala de espera, enquanto se espichava pegar uma *Caras* antiga na dobra do sofá. Na volta, ao se sentar, sentiu o colega o cutucar:

– Me desculpa o aborrecimento, mas a Vossa Santidade vai usar a garrafa toda?

A MURALHA

A muralha

Amanhece lá embaixo. O sol que nasce parece erguido pelas mãos delicadas de uma professora de primário, que, com a boca xôxa, vai aos poucos incorporando sons ao cenário urbano que acorda. Assisto a tudo sentado com "perninhas de índio", como em um grande teatro de fantoches. As nuvens vão se abrindo, são as cortinas para o sábado que se inicia. Aqui em cima, continua tudo azulado e friozinho. O canto dos passarinhos – ainda são poucos – abafa o estouro dos carros rebaixados que contornam o topo da praça sob a guarda da Serra do Curral.

Ao meu lado, um casal divide um fone de ouvido e quatro rapazes passam de mão em mão uma garrafa de vodca enquanto bravam indecências sobre as colegas de turma que fingem desejar. Lá embaixo, uma turma toca Legião Urbana sem qualquer empolgação.

São muitas as memórias que envolvem a Praça do Papa. Cada belo-horizontino tem as suas. A primeira volta de bicicleta sem as rodinhas, o réveillon longe dos pais, o beijo na intercambista enquanto tentava explicar o fenômeno da "Rue d'arachide", os grandes sapatos do meu pai quando, há quinze anos, ele me sentou nesta mesma muretinha e me explicou porque nosso cachorrinho tinha ido de férias para nunca mais voltar.

Um dos garotos me acorda desse saudosismo tolo e pede seda. Não tenho. Ao contrário dele e de seus amigos – e do casal gótico – estou de costas para o caos da cidade lá embaixo. Meus olhos abraçam tão só os contornos da muralha.

Diz uma história que, em uma determinada bandeira, Fernandes Tourinho se viu às barras daquela serra, portal de entrada do que seria mais tarde o Curral Del Rey. Perguntado por um companheiro se eles deveriam começar a preparar a rota para contornar o paredão, o famoso bandeirante protestou: "Se nem a mata molhada (Mata Atlântica) conseguiu subir a serra e chegar do lado de lá, quem somos nós para fazê-lo?".

Já no século XIX, ao ouvir essa história de um caboclo de Igarapé, Aarão Reis ficou fascinado pela Serra do Curral. Para proteger a nova capital das Minas Gerais, nada mais apropriado que um portão de ferro maciço. Não sem motivo, foi para os seus pés que trouxeram o Papa em 1980 e, dois anos depois, o Governador, ainda enrubescido pelos elogios do Pontífice, mandou fazer aqui, logo no seu jardim a maior área verde da cidade.

Ruim é saber que, do lado de lá da Serra, onde os olhos não alcançam, as mineradoras e seus tratores fazem o trabalho que os bandeirantes queriam: raspam a serra com grandes unhas metálicas em estrondos que rivalizam com o canto dos passarinhos. E o paredão disfarça sua própria hemorragia férrea, mantendo-se em impávido colosso aos olhos dos ricaços que correm no Parque das Mangabeiras (hoje, sem mangabeiras) e veem tão somente sua frondosa frente

Sei que a mineração da Serra é a nossa contraprestação pelo carro que me trouxe até aqui e pelo computador que me permite registrar esta crônica barata, mas ainda assim me incomoda a sensação de que a qualquer momento, a serra, de tão fina, pode tombar sobre a Praça, como uma montanha-de-papelão num teatro de maternal. Essa sensação permanente muito me dói, talvez mais do que a morte da cachorrinha Joli na minha infância.

De antemão, peço desculpas ao Papa, à Nossa Senhora da Boa Viagem e ao Governador pelo o que vou dizer, mas às vezes eu queria que tivessem feito como Fernandes Tourinho e deixassem a Serra do Curral pra lá.

Professor de Amor

Repararam no meu sotaque logo na primeira aula do primeiro dia, mas até a hora do intervalo, já me veriam como a moça de respeito que sou: algumas espinhas no rosto, dentes de leite e quatro cores de marca-texto no estojo. Até o par de *All-stars* branco era novo. O ano era 2009, e eu tinha acabado de completar 18 anos. O cenário não era incomum: vindo do interior, estava morando na casa da minha avó no centro para fazer cursinho pré-vestibular.

Achava aquilo o máximo: longe do olhar dos meus pais, me divertia com meus novos amigos da capital: playboys perdidos dirigindo pequenos carros vermelhos pra cima e pra baixo. Milk-shake. Coca-cola com Balalaika. "Uma meia-entrada para Homem de Ferro, por favor" com carteirinha vencida. Cover de U2 em algum pseudo-pub no São Pedro. Claro, brincava de irresponsabilidade com as canaletas levantadas: não mexíamos com estranhos e sempre tínhamos no bolso o dinheiro do táxi. Ainda assim, achava que estava comprando o que vendem por aí como sonho dourado. Parcelava em 3 vezes o "carpe diem" da juventude consumista. Que garota do interior resistiria à essa liberdade de isopor?

Durante a semana, eu fazia a minha parte: no cursinho, assistia às aulas e ficava plantada de moletom na biblioteca – metade do tempo estudando e metade rezando para ser vista. Não bastava o troféu, queria todo tipo de aplauso. Me dava bem até com Química Orgânica, mas literatura era onde eu me sentia: sentava na frente da sala, a turma toda atrás de mim, discutia Parnasianismo, lia as questões fechadas, ia nos plantões e fazia o que ninguém antes havia feito: lia a bibliografia complementar.

Até que, no meio do habitual Simuladão de domingo, dei-me de frente com uma questão sobre literatura contemporânea. Nem me lembro do enunciado, mas os versos da Hilda Hirst ficaram zumbindo:

E por que haverias de querer minha alma
Na tua cama?
Disse palavras líquidas, deleitosas, ásperas
Obscenas, porque era assim que gostávamos.
Mas não menti gozo prazer lascívia
Nem omiti que a alma está além, buscando
Aquele Outro. E te repito: por que haverias
De querer minha alma na tua cama?
Jubila-te da memória de coitos e de acertos.
Ou tenta-me de novo. Obriga-me.[1]

Fechei a prova. Não havia entendido bulhufas do poema. "Gozo prazer lascívia"? "Aquele Outro"? Que Outro!? Tentei algum consolo nas alternativas...sem sucesso. Não tem como responder essa, vão anular essa da prova! Com isso na cabeça, me consolei e consegui me esticar lépida pelo resto do domingo. O Galo ganhou o jogo com gol irregular, até tirei a Hilda da cabeça.

Na terça, o professor quase passou batido pela questão:

---

1 HILST, Hilda; *Obriga-me*

– Nenhuma dúvida na 12, né, pessoal? Todo mundo marcou C, né? A narradora faz uso de linguagem erótica... não é pornográfica porque é de natureza sugestiva. Sugestão amorosa...

– Amor, professor? – provoquei da primeira fila

– Amor, Mariana, ela desafia seu interlocutor no final... viu na última estrofe? Lê de novo. Ficou claro, aí? – sorriu o barbado. – Tá certo, pessoal, por hoje é só. Aula que vem já vou começar com os contistas mineiros das décadas de 60, 70 e 80. Boa terça-feira para vocês!

As taradas da Medicina se amontoaram em torno do jovem professor de literatura enquanto eu fingia anotar qualquer coisa em torno da questão. Não, não tinha ficado claro! Fiz algum teatro: me levantei da carteira e fingi arrumar alguns papéis na mochila enquanto ele tentava escorregar para fora da gigantesca sala do cursinho. As piranhas de Medicina não davam trégua. Não esperei, com uma bic atrás da orelha, apertei o simuladão contra meu peito e fui atrás do meu mestre. Gaúcho de Caxias, ele havia acabado de concluir seu mestrado em Literatura Argentina pela UFRGS. Casou-se com uma mineira e acabou aqui, em BH. Nos caminhos da vida, encontrei-o nas escadas, de trote cansado até a Sala D.

– Fessôr!

– Pois não, Mariana.

– Eu não entendi a 12 direito.

– Tu não entendeu? Isso é grave – ele sorriu esbaforido – Vamos sair das escadas, tá dando entrevero aqui...

Pegou-me pela mão e me levou para a apertada área externa... só largou meus dedos suados para alcançar o isqueiro no fundo do jeans. Apertou a ponta, puxou o elástico roxo para trás e acendeu, deu dois petelecos na ponta "para dar luz".

– Vai um palhas, Mari?

Ele realmente achou que talvez eu fumasse, queria que os meus primos estivessem vendo isso. Olha só quem já está maior de idade... finalmente mais alguém que me vê como gente. Só duas pessoas enxergam a mulher feita que sou: ele e eu.

– Não, professor, tô tentando parar!

Sem reação

– Dá-me o caderno... mas o quê que é que tu não entendeu, guria?

Que sorriso!

– Ah, Rodrigo (meu Capitão Rodrigo!), não entendi foi nada.

– Como assim, nada? Está em português o poema...

– Pois é.

Olhos perdidos, sangue preso nos pés fincados no granito.

– Sabe de uma coisa, menina? Acho que você tá precisando parar de estudar um pouco e ir se apaixonar, aí tu vai aprender um pouco mais sobre amor, Hilda Hilst.

– Como assim, fessô?

Ele tapou o pito no bolso e saiu sorrindo bobo, até sumir pelas escadas. Rodrigo. Rodrigo. O único homem de Belo Horizonte. Devia ter aceitado aquele "palhas". Aí. Casado. Ele tá certo. Deixei-me ruborizar por alguns minutos, até voltar incólume para minha sala.

No fim do semestre, ficamos sabendo que ele havia engravidado uma das meninas da Medicina. Sem vergonha. E olha que a esposa vinha visitá-lo e tudo na sala dos professores. Enfim, deixa para lá, afinal, o que eu sei sobre se apaixonar? Tomara que não caía amor no vestibular.

Estrela cadente

Em uma das luzes da constelação de janelas do Buritis, sozinho. Ele achava feio uma noite sem estrelas. Mas talvez fosse essa a única coisa que lhe incomodava de verdade nos dias de hoje. Não ligava para o café morno em cima da mesa, bebia em um só lance. Não se importava com a namorada fria, comia sem dizer bom dia. Pedrosa está sozinho agora: camisa aberta até o terceiro botão, já não consegue achar o isqueiro. Sofre do mal dos canalhas, magro. Mas aparentemente não o suficiente para caber entre o sofá e a escrivaninha de plástico.

– Merda – pensou em dizer – mas o isqueiro não sairia sozinho do chão do apartamento alugado.

Sentia falta de quando sua voz movia até o inanimado, de quando seu dedo era cacete, de quando o seu olhar era mandado, de quando o seu canto era oração, de quando lhe prestavam atenção, de quando era levado a sério, de quando lhe ouviam, de quando lhe davam bom dia. Merda, de tão magro parecia invisível até no elevador. Lembrou-se dos colegas da repartição, que faziam de tudo para emagrecer e quando conseguiam, Pedrosa fazia questão de não reparar. Talvez não seja de se espantar o fato de que ninguém tenha percebido o quão fraco ele está.

Subiu até o apartamento com o isqueiro novo, da padaria da esquina. Abriu a porta e bateu o fundo do maço em busca de um amigo para botar na boca. A sala do apartamento alugado lhe pareceu um latifúndio. No lugar de retratos, faziam a decoração: quadros baratos, taças empoeiradas e cães engarrafados, todos abertos. Alguns vícios são melhores do que outros, todos são melhores do que a realidade. Serviu-se três dedos de ilusão.

– Será que alguém vai perceber? Pelo menos até segunda-feira? – se perguntou ao contemplar a vista, jogou um gelo para medir a distância, alguma coisa perto de 45 metros. Lá embaixo, fantasmas aceleravam seus carros prateados sob o asfalto ainda quente do sol da tarde. Não eram nem nove da noite.

Gostava de quando o vento lhe batia na camisa e os botões roçavam-lhe o peito branco. Sentiu cócegas, finalmente sentiu alguma coisa! Ria, dançava, cantava, desafinava quase que por querer. Com os olhos fechados, tropeçou no sofá e caiu no chão de madeira velha, riu da própria tragédia. Sorriu para a lâmpada da sala, quis lhe contar o ocorrido no dia anterior, nos mínimos detalhes, e sem comerciais. Mas na bela cidade do espetáculo, nada disso tem valor se ninguém estiver olhando. Ele jurava não se importar. Quis ligar para o pessoal do escritório. "E aí, Marli, como está o filhão? Passou no vestibular?". "Pedrão, e o seu Santos, hein?". "Mário, cacete, já emagreceu quanto?". As garrafas não respondiam, encheu o copo para ver se virava o jogo.

– Não vão descobrir até de manhã cedo, ou mesmo até segunda-feira, especialmente se eu não for com a credencial no bolso – riu da própria miséria, observado pelo silencioso telefone. Em um ato rápido, arrancou o estrelado distintivo bordado na carteira de couro e o atirou pela janela. Uma estrela cadente girou pela noite até cair, sem qualquer barulho, em um gramado ignorado.

Pedrosa foi para o quarto, tomou um demorado banho. Enrolou-se na toalha e procurou a sua camisa favorita, branca de linho, a que usou na posse. Sem fazer barulho, deu nó na sua gravata azul marinho de seda. Vestiu o terno cinza, colocou seus sapatos brilhantes. Decidiu cair na noite, afinal, ainda não eram nem nove horas; correu para o banheiro, se sentia um menino: gel no cabelo, perfume no pescoço, sorriso na boca fina. Era apaixonado por si mesmo, sempre foi, sempre se bastou. Colocou a carteira no bolso de trás, com o distintivo virado para fora. Pronto, cruzou o apartamento uma meia dúzia de vezes, dando ordens para a televisão, para o criado mudo e para a geladeira. Enfim, calou-se.

Foi até a janela, e encarou a cidade em que costumava dominar, todos em algum momento já ouvira falar de Pedrosa, mesmo assim, até segunda-feira, ninguém iria dar falta. Quando o vento bateu mais forte, respirou fundo, os sapatos brilhavam pretos em contraste com o mármore da sacada. A lua não apareceu para dar luz à cena.

– Vá em frente, não é isso que você sempre quis? Ser intocável? Vá em frente, Coronel, como sempre, ninguém vai te parar.

Estava certo. Como sempre, ninguém o impediu, Pedrosa caiu naquela noite.

Me diga, Sãozinha

"Quantos quilos faltam para eu arrumar um namorado?"

Em resposta à carta da leitora-amiga Luaninha Morena:

Todas as moças querem emagrecer. Se o IBGE fizesse um desses estudos, diria com clamor: todas as mulheres do Brasil estão gordas. Aqui na redação, onde eu trabalho há 21 anos, nos salões de beleza, nos bares... emagrecer é o desejo nº 1 das minhas colegas. Sem pular uma, estão todas acima do peso, sob seus próprios olhos, é claro.

A leitora até já me confidenciou estar usando um produto chamado termogênico, que segundo ela, faz seu corpo esquentar por dentro, como se estivesse todo agitadinho. Todo, exceto o seu coração. Este, aflito, que me pergunta – Sãozinha, faltam quantos quilos para eu arrumar um namorado?

Eis o relato da irmã: estou na casa dos 26 anos e desde muito moça sou bem cheinha, ainda assim me considero uma mulher muito bonita, provocadora, sagaz no tabuleiro do amor: sei quando dar e negar carinho. Nas boates, me entrelaço com o homem que escolher. Mas, no dia seguinte, todos parecem ter medo de me terem como companheira. O mesmo ocorre com os paqueras do serviço e dos estudos – me querem em intimidade, mas se recusam a aceitar por completo o meu coração. Claro, eles não falam, mas sei que é pelo falto de eu não ser "socialmente" bonita. Fico pensando que eles só não me negam fogo para não terem de se explicar nos testes de macheza de suas consciências. Seria pressão demais ser o namorado de uma moça gordinha?

Minha cara Luana – te conheço a tão poucas linhas e tanto já sei sobre você –, és uma mulher íntegra e afeita à justiça, incapaz de dissimular o que pensa e principalmente o que sente. Só assim foi capaz de um relato tão-tão íntimo a mim, mera conselheira de jornal.

Te pouparei do óbvio. Sabes que és dona do teu corpo e que nele nada há de repugnante. Sei que, se pudesse, em nada o mudaria – com esta sua fibra feminina, se quisesse, já teria o moldado aos seus gostos. Proponho-te aqui esta verdade que lhe seria insofismável: não importa quão divertida, companheira, alto-astral e interessante eu sou: se eu estou fora do padrão de beleza, não conseguirei um namorado.

Nada mais enganoso! A mulher que é refém da beleza alheia é a sequestradora dos seus próprios predicados. E você me parece muito dona de si mesma.

Luana, minha filha, seja sincera: você mesma fora a vampira de suas vítimas casuais – és uma mulher que, por saber o seu valor, ao sentir a fraqueza de seus paqueras, sentiu deles pena e decepção. E decepção não esquenta nem sovaco de sanfoneiro.

O jogo de sedução é como uma bandeira: as mulheres vão na frente, apontando os atalhos e os homens, em geral, vão errando esses desvios, ficando presos nas arapucas da amizade casual ou do flerte empoeirado.

Na verdade, você nunca quis namorar nenhum desses seus foguetinhos molhados. Por isso, incabível aqui você gastar esmalte me escrevendo que, por culpa deles, nunca fostes a companheira de ninguém. Amiga, não os culpe por suas cegueiras. Eles ainda estão presos a esses jogos bobos, que terceirizam à mídia a aprovação que só o coração pode dar.

Sabe por que é que você nunca teve um namorado? (E aqui respondo sua pergunta fatal) Não foi por ocasião da sua formosura natural, mas porque nunca se apresentou um bom pretendente; um Borba-gato insaciável, merecedor de tê-la por inteiro, afim de cada grama do seu coração!

Beijos doces,

S. B.

Terminada coluna da Sãozinha Benedita, que sempre sobrava para o estagiário da vez. Rubinho fechou o laptop com força e saiu aos saltos da redação do Jornal O Tempo. Afinal, hoje tinha apresentação de trabalho na aula de Atualidades II e o professor falou que iria tirar ponto de quem chegasse atrasado.

A CEGA E
O PREFEITO

A cega e o prefeito

– Alguém importante ligou? – o Prefeito arrasta a pergunta do tapete do elevador até a entrada do gabinete, quando sua secretária aperta os lábios em negativa, enquanto a porta se fecha atrás do terno cinza.

Mal dá tempo de tirar os sapatos e ligar o computador quando ela entra com o batalhão de tilintares branquíssimos: dois cafezinhos, biscoitos – medalhão, quebra-quebra e casadinhos – e a água gasosa, que borbulha em vidro fino. É assim todos os dias.

– Dentre os não importantes ligaram: o Hélio, o Kalil, o Duda Mendonça, Jaeci Carvalho e o seu filho...

A cabeça, antes apertada contra o sofá de couro verde, levanta–se:

– E o Ricardo Guimarães? Newton Cardoso?

– Não retornaram.

O Prefeito aperta os lábios e coça a cabeça. É o sinal definitivo de que quer ficar sozinho.

– Obrigado, querida!

Marília, sua secretária desde que assumiu o palacete na Afonso Pena, apoia a bandeja em cima dos livros de Direito Administrativo, na ponta da escrivaninha e reassume seu posto do lado de lá da parede. Enquanto isso, o Prefeito pega a primeira xícara e se senta no vão da janela, com vista privilegiada para a esquina da Rua da Bahia com Goiás. Lá fora, ainda não consertaram o ar-condicionado, e a segue a vida solta em uma quarta-feira de outubro.

A fumaça do café beija o vidro da janela centenária e o Prefeito aperta seus olhos, acompanhando as milhares de calças jeans que se movem em todas as direções. Em todo o seu campo de visão há apenas uma pessoa parada – com exceção do Carlos Drummond de bronze –, a Cega da Mega-Sena.

Menos conhecida por seu nome, Kênia, a Cega da Mega-Sena bate sua bengalinha de lata na calçada da pracinha. Canta a plenos pulmões o seu mantra:

– É A MEGA-SENA ACUMULADA... É HOJE... 40 MILHÕES... É A MEGA SENA ACUMULADA... É HOJE... A MEGA SENA ACUMULADA...

Apesar do convite milionário, Kênia está conversando com o vento. Sua mão esquerda continua apertando fervorosamente um pequeno maço de bilhetes de loteria. É difícil de entender: a Cega vê todo mundo, mas ninguém a vê, a não ser pelo prefeito, o único personagem em cena que já tem 40 milhões de reais.

Os casadinhos acabam e ela ainda está lá, com o cabelo preso suado roçando no ladrilho branco da pilastra em frente ao Bradesco. É o seu lugar. Ninguém nunca a viu chegar de manhã ou ir embora depois que escurece, nem mesmo comendo empada do outro lado da rua. O Prefeito ataca sozinho os medalhões e fica a se perguntar qual seria a história daquela mulher:

Teria feito um pacto com o demônio? Como em um baralho, ganharia cinquenta e quatro bilhetes, dentre eles o premiado e em troca perderia a visão, ficando o resto da vida condenada a encontrar alguém que lhe ajudasse a conferir os números e a separar o joio do trigo dourado.

Seria uma pegadinha do Silvio Santos? Na qual a velha, interpretada pelo Ivo Holanda, vende bilhetes dos sorteios passados? Uma traficante de haxixe, que usa do papel fino das cartilhas para montar as cigarrilhas que vende? Uma remanescente da máfia dos bingos, que tenta lavar o dinheiro vendendo bilhetes falsificados? Uma aluna do curso de teatro NET fazendo laboratório? Não importa.

Volta-se à mesa e pega o segundo café, já morno. Por um instante, pensa em descer até lá para conhecer aquela dona – e até mesmo descobriria que ela tem o mesmo nome de sua mãe – mas sabe que todos na rua, tirando ela, iriam reconhecê–lo. Ou talvez não, o que seria pior.

Independentemente de qualquer santo, santinho ou santão, dos cavaletes – tão chutáveis –, das panfleteiras mal-pagas e das empreiteiras (as únicas que têm o número do telefone vermelho do gabinete), um dia o prefeito terá que ir embora para Nova Lima. E quando ele abandonar o palacete, pela porta-dos-fundos na Rua Goiás, vai ouvir a voz da Cega, anunciando o prêmio do sorteio do sábado seguinte. Ela estava lá quando ele chegou e ainda estará quando ele partir. Mas ainda não é isso que o irrita.

Para um homem vaidoso como o Prefeito, vai doer é no dia em que, daqui a não muito, irá esticar uma ópera do Palácio das Artes com um cappuccino no Kahlua e quando chegar lá, terá de ouvir um garçom bem-intencionado comentar com um colega de balcão, que ao fundo esquenta no micro-ondas o *croissant* do ex–prefeito:

– Ô Zé, cê sabe aquela mulher que vende Mega-Sena lá embaixo... dizem que ela acertou a quina? Nunca mais vai aparecer por aqui...

E, aos poucos, todos na Rua da Bahia vão se esquecendo daquele Prefeito, que não falava muito (e quando falava...), dos seus olhos azuis que não viam na rua e principalmente do seu jeito de ser babá da rede municipal de ensino, de quando tentou tirar a Feira Hippie do seu jardim de frente e de tudo o que ele fez a cidade passar, mesmo não morando nela.

Nesse dia, o Ex-prefeito vai subir a Rua da Bahia num engarrafamento matador e vai se lembrar da Cega da Mega-Sena: onde ela estará agora? Será que ela realmente ganhou alguma coisa? Em qual calçada vai batendo aquela bengalinha, que mais parece um suporte de cortina. Enquanto espera o sinal da Augusto de Lima abrir, vai cantando baixinho a musiquinha, aquela mesmo imortalizada pela única pessoa que de fato fora dona daquela esquina:

– É A MEGA-SENA ACUMULADA...

A Faculdade de Direito

Av. João Pinheiro, 100, Belo Horizonte, Minas Gerais.

Em um movimento brusco, o motorista joga o 4111 contra a calçada e alinha o ônibus próximo ao meio-fio, facilitando o desembarque de uma manada de dentistas, servidores, hoteleiros e outros demais aventureiros que ganham o Centro de Belo Horizonte antes mesmo do Sol se revelar por inteiro. Sou o último a descer e conto dezesseis passos até o meu destino final daquela – e de todas as manhãs: Av. João Pinheiro, 100. Era 5 de fevereiro de 2014; bons tempos aqueles, quando a passagem custava R$ 2,65.

À espera de Amanda Silveira, me amparo no grande portão preto, àquela hora já escancarado. Ali, bem diante de mim, ela entrará pela primeira vez naquele que será seu lar pelos próximos cinco anos: a Faculdade de Direito da UFMG. A sua viagem não é tão longa ou cansativa, mas o celular foi programado para acordá-la ainda às 06:05.

A distância entre o seu apartamento e o portão da faculdade, já não tão gelado quanto a dez minutos atrás, é de aproximadamente 5,4 km, equivalente ao comprimento total do Circuito Internacional do Bahrein de F-1. A diferença é que, enquanto Michael Schumacher leva 1:13.431 para percorrer tal percurso, esses mesmos 5,4 km tomam da estudante cerca de 50 minutos. Claro, não nos esqueçamos das particularidades técnicas que diferenciam a Ferrari do alemão do ônibus da linha 2104, do qual a caloura acaba de desembarcar para seu primeiro dia de aula. Conto tímidos dezoito passos e, juntos, adentramos no hall do 1º andar.

O Edifício Valle–Ferreira, inaugurado em 1990, é absolutamente moldado para o seu propósito: contando a garagem subterrânea, são quinze pavimentos, dos quais exatamente dez foram destinados às salas de aula, número correspondente aos períodos do curso de Bacharelado em Direito. Do 14º ao 5º, cada andar é composto por duas salas de aula – cada uma leva o nome de um fundador da Casa –, um par de lavabos e um bebedouro. A lógica de organização desses andares é bem simples, trata-se de um sistema decrescente: o aluno começa seu curso no 14º andar e a cada semestre desce um andar, chegando até o 5º, onde cursará 10º período. De lá, descerá somente para o 4º andar, sede do Colegiado, para ajeitar os documentos necessários à Colação de Grau e então partirá para ganhar o mundo que existe para além da Rua Guajajaras. Os pragmáticos atribuem essa lógica de descendência à Física: os veteranos devem estudar nos andares mais baixos, assim, não precisarão enfrentar a fila para os elevadores. Por sua vez, os irônicos da Pça. Afonso Arinos veem no sistema uma metáfora: o descer de andares é, na verdade, um gradual choque de realidade que acomete os graduandos. Estes chegam ao último andar sonhando alto, querem mesmo é mudar o mundo, seja ajudando os mais necessitados, seja assumindo almejados postos e suas correspondentes placas de carro: pretas para os magistrados e azuis para os diplomatas. Por manterem suas expectativas nas nuvens, nada mais justo do que estudarem lá em cima, perto do céu. Com o tempo, a altitude – metáfora para os sonhos – lhes é talhada, e diminui a distância entre suas expectativas e o térreo-realidade.

A primeira vista que o 2º andar oferece a seus visitantes é o grande foyer que antecede ao Auditório Alberto Deodato, trata-se do Panteão dos Sábios. Os primeiros raios de sol daquela quarta-feira cruzam o salão e realçam o piso de mármore sob o qual estão eternizados alguns dos filhos mais notáveis da Vetusta Casa de Afonso Pena. À esquerda dos elevadores, está a sala dos professores e ao fundo, encontra-se o acesso para o Edifício Villas-Bôas - este destinado aos gabinetes, à diretoria e à pós-graduação – e para a biblioteca, abrigada em um prédio anexo inaugurado em 1998. Dali também podemos chegar ao 3º andar, que abriga o Território-Livre da faculdade, um enorme vão destinado à convivência dos mais de 2.500 alunos que por ali passam todos os dias. Amanda e eu subimos a rampa e atravessamos o ambiente.

Bato a mão direita na ponta do balcão de mármore da lanchonete e o pedido habitual sai sem surpresas:

– Bom dia, Salete, me vê dois cafés, por gentileza?

Munidos da bebida, levo Amanda à recém-reformada sala do CAAP, Centro Acadêmico Afonso Pena, instituição tão centenária quanto o próprio homenageado. Lá, a caloura sanou minha última curiosidade: afinal, por que uma mocinha que poderia fazer o que quisesse da vida estava ali, atrasada para sua primeira aula, soprando seu simplório café, na Faculdade de Direito da UFMG?

A resposta foi tão clara quanto o mármore sobre o qual se pisa no Panteão dos Sábios:

– Estou aqui dentro pelas possibilidades que irei ter lá fora: o Pólos, a AJUP e todos os projetos de extensão, que me aproximarão da prática do Direito e do lado social que carrego comigo. Quero dar vazão ao meu desejo de melhorar a minha cidade.

Ali, diante do amanteigado sorriso da caloura, fechei os olhos e pedi a Deus, ao STF, ao desembargador que estivesse de plantão na Rua Goiás ou a qualquer um que pudesse me atender: por favor, que os irônicos, cada vez mais numerosos aqui na Afonso Arinos, estivessem errados; que Amanda, assim que terminasse seu café, entrasse em um dos imprevisíveis elevadores até o 14º andar e que por lá, bem no alto, mantivesse suas expectativas e seus sonhos, dia após dia, semestre após semestre, andar após andar, degrau após degrau.

Algodão-doce

No domingo de manhã, a Polícia Civil nos mantinha reféns em nossas próprias casas. Ainda não é seguro sair na rua: a água corre pelo asfalto com cachoeira, rios em direção ao centro da Terra. Pelo terceiro dia seguido, chove em Belo Horizonte.

Parecia tudo sob controle na madrugada de sexta-feira. Do lado de dentro, o temporal compunha a cenografia perfeita para o amor sem cerimônia que só é possível entre dois desconhecidos. Os espoques de trovoada balanceava a respiração dura e o téc-téc-téc do ventilador de teto. Raios cruzavam a janela pondo – por um nano segundo – o quarto à luz total, como se tirasse fotos em flash dos amantes desesperados.

Na manhã seguinte, a chuva continuava. Do outro lado da linha, alguém lhe dizia para não sair de onde estava pelas próximas horas, seja lá onde fosse. A dupla desconhecida é obrigada a transmutar-se em casal íntimo; é uma nova dinâmica, não prevista no contrato celebrado na noite anterior.

Com sorte, encontram chá e algum ponto de concordância: três gotas de adoçante, dois amigos em comuns – um já falecido, acidente tristíssimo – preferência por cachorros a gatos, trocam-se os nomes e passados, num desfile de cicatrizes. Ainda assim, permanece a formalidade no semianonimato: um pedido de desculpa pós esbarrão na saída do banheiro, um "fica à vontade" insosso. Ela toma a iniciativa e acha sozinha a toalha para enrolar-se depois do banho.

Pelas janelas de vidro fechadas, vê-se apenas uma massa branca, que se movimenta lentamente, como se estivéssemos no epicentro de uma máquina de algodão-doce em sua velocidade mais branda. Do apartamento, que fica no 18º andar, ainda não se tem vista para nada, se é que lá fora sobrou alguma coisa.

Na mesa de jantar – o almoço é um miojo para dois – falam rápido e fazem perguntas para não deixar a conversa morrer. Apertam o passo para equalizar as almas à intimidade conquistada pelos corpos. É um jogo de xadrez ao contrário: um peão em cada extremo, vai, casa a casa, projetando-se no exército consorte, preenchendo o tabuleiro com o que o outro diz e – principalmente – com o que deixa de dizer.

No cair do sábado, a chuva se amansa. Dá pra arriscar, se você quiser voltar para a casa. Ela, já camuflada na colcha [eles assistem a um filme qualquer na televisão], faz que não, que, por enquanto, prefere ficar, sente-se segura ali. A mãe dele liga para perguntar se está tudo bem – vão cortar a energia do bairro depois das 8, você tem velas aí? Não, ele não tem. Tudo bem. No escuro e no silêncio entendem-se melhor.

No domingo de manhã, dormem aninhados como dois filhotes esquecidos no quintal, indissolúveis em seus próprios membros que se entrelaçam sob o edredom. Em 30 horas, antes desconhecidos, chegaram ao ápice de intimidade possível entre duas pessoas: ocupam ao mesmo tempo o mesmo espaço.

Mas peço aos leitores que não se impressionem tão cedo! Quando o primeiro deles acordar, será disparado um cronômetro até o fim do mundo – o Rei e a Rainha, os partícipes absolutos do casal desconhecido, dividirão a única caminhada possível, aquela que os levará, casa a casa, segundo a segundo, de volta para o esquecimento. Em Belo Horizonte, a previsão continua sendo de chuva por toda a tarde.

Resgate

Os convidados precisaram se apoiar na mesa para se levantarem. Na despedida, muitos apertos de mão e até um dois-beijinhos, hábito dos árabes, que agora embarcavam em um táxi executivo, onde dormiriam estafados até chegarem no hotel, levando a colo suas cópias do contrato.

No caminho para o estacionamento, Noronha era só ele:

– Tô te falando, colega, essa moqueca fecha qualquer negócio, e com esse vinho, então, é pá pum!

– Mas não precisava ter pedido a segunda garrafa, Noronha, principalmente depois deles já terem assinado...

– Mas foi exatamente por isso que eu pedi: para comemorar! – e riu ao apertar o alarme do carro. – E aí? Vamos ligar pro Paulo para contar?

– Amanhã a gente fala pra ele, hoje é domingo, pô, e já são quase três da tarde.

– E daí? Tem dia para ganhar dinheiro? Já até sei o que eu vou fazer com essa comissão de hoje!

– Faz o seguinte, Noronha, vai para casa – disse rispidamente. Depois se arrependeu da grosseria, mal falara durante todo o almoço. "Você anda estranho", já tinha ouvido aquela semana. Talvez fosse a ladainha de sempre: muito trabalho no escritório, o casamento na rotina, mal via os filhos e menos ainda os pais; do irmão em São Paulo, não tinha notícia. Às vezes, tinha vontade, sei lá, de sumir. Mas para isso não tinha tempo. Já era tarde demais para ir no almoço de noivado da sobrinha. Resoluto, decidiu ir para a casa.

Sozinho no estacionamento de pedrinhas do Restaurante do Porto, o homem girou a chave do carro. Chiou, chiou e nada. Bateria arriada. Cacete. Tinha esquecido os faróis acessos. Amor, você não sabe o que me aconteceu aqui. O quê, fechou o negócio? Sim, sim, mas não foi por isso que eu te liguei, tô precisando da sua ajuda. Ah, é, que coisa! Eu precisava da sua ajuda mais cedo para levar a lasanha para a casa da Marília. Não, amor, tô falando sério. Claro que está, só as coisas da empresa que são sérias, o casamento da Bia é brincadeira. Que isso, Mirna, eu tô preso aqui no restaurante. Desligou.

Noronha? Nem pensar.

Paulo? Ia querer saber da reunião, ficar enchendo de pergunta, nunca ajudou, não seria agora.

Ligou para o mecânico de confiança da família. Como estava sempre trocando de carro, não lembrava do nome do sujeito, verdade é que era muito amigo do seu pai. Alô, boa tarde, aqui é quem fala é o filho do seu Juca, isso, lá do União, pois é, não, ele vai bem sim, graças a Deus, e a mamãe também está bem, sim, ela continua escrevendo os livros dela, sim, senhor. Então, minha bateria arriou por aqui, estou precisando de uma chupeta. Sim, eu sei que é domingo, mas não tem dia para o carro dar problema. O senhor me entende, né? Claro, pode ser o seu filho. Eu fico aguardando.

"Por volta de uma hora", foi o que o mecânico dissera ao telefone. Sua hora de consulta no escritório custava 900 reais, e só amanhã atenderia três. Já era quase cinco da tarde. O homem sozinho quis pegar um táxi para casa, amanhã resolveria isso, ligaria para a seguradora, pediria a alguém. No movimento do final de tarde, meninos de cabelo de cuia levavam o cachorro para passear, empregadas fumavam juntas na pracinha e na José Cândido casais faziam caminhada de mãos dadas.

O homem resolveu andar pela avenida, à sombra do Parque do Piripipau. Nunca tinha levado os filhos ali, e olha que o mais velho já estava com doze. Ou era treze? Seguia pela calçada, sabia o que procurava: um trecho da grade que entortara ele mesmo quando mais novo. A história era a seguinte: no último dia de aula da 8ª série, as professoras juntaram as turmas e organizaram uma excursão para o Museu do Piripipau, cuja a grande atração era o presépio e sua maquete tecno-luminosa. Pouco afeito ao clima de Natal, ele queria aproveitar a excursão para se entender com a Sônia, da 414. No meio do lanche, chamou-a para ver algo "muito legal", na mata, ali para dentro. A sós, pediu um beijo. Um só. E, jurou que nada mais faria. A menos, claro, que ela quisesse. A menina, assustada, voltou para a excursão, e ele, com vergonha, deixou-se ficar naquele banco de madeira mata adentro por horas a fio. Ao luar, pulou a grade e voltou a passos curtos para casa.

Viu a brecha e pulou a grande pela segunda vez. À medida que entrava, menos luz iluminava seu caminho e de mais longe ouvia o barulho dos carros, o latido dos cachorros e as provocações protocolares do futebol. A mata tem o seu som. E o cheiro, oco, que ele nunca esqueceu. O celular tocava, em orquestra com os grilos. Não atenderia, fosse quem fosse, Paulo, Noronha, Mirna, Mecânico, Filho do Mecânico, seu irmão de São Paulo ou mesmo Sônia. Bom, essa talvez, mas só para contar que ele ainda estava ali, esperando ela, ou pelo luar, o que viesse primeiro a seu resgate.

Filtro Solar

Era um fim de tarde de sexta-feira, estávamos jogados em pequenas cadeiras de latão na calçada, as garrafas iam e vinham do lendário Bar do João, na esquina da Tomé de Souza com a Getúlio Vargas. Três das quatro cadeiras estavam ocupadas, o calor ditava a conversa mole:

– Muito bom, Beto, tá bom pra cacete... cê devia ficar orgulhoso da tua evolução, tô zuando não, de verdade... – Fred disse enquanto batia os papéis grampeados em cima da mesa, quase derrubando o seu copo.

– Não vou ficar de pagação... cê sabe o que eu penso!... tu tá mandando bem, tá escrevendo... até o ano que vem você arruma material para o livro. Para de buscar aprovação, pô, cadê as suas bolas literárias? – disse Caio, logo em seguida.

Tudo bem, leitor, você pode até argumentar que, pelo fato de serem meus amigos, eles ficariam sem graça de falar mal das coisas que eu escrevo, mas isso seria um pouco de inocência. Afinal, se você tem amigos que não tem culhões para te dizer algumas verdades, bem... acho que você já pegou o clichê. Confiava neles, eram de alguma forma parecidos e ao mesmo tempo complementares a mim. Havia uma espécie de grande harmonia em tudo o que diziam. E eu era apenas grato por estar ali, assistindo a pessoas tão fortes: Caio, com a sua mão na barba, sempre sorrindo antes de polemizar com alguma ironia mortal e ao seu lado, o barulhento Fred, sempre gesticulando com os braços, fazendo caras e bocas, rindo e fazendo rir. Na verdade, não consigo explicar a magia de cada um, passe no Bar do João semana que vem e você entenderá o que eu quero dizer, com sorte, nos encontramos por lá.

De todo modo, foi para eles que eu entreguei os dois contos que passei a semana toda escrevendo: *Quinto andar* é sobre um agente da Polícia Federal que se sente sozinho em uma noite de verão e o outro, *Quebrei meus óculos em uma briga de bar,* bem, esse aí é autoexplicativo. Com certeza, são os melhores pedaços de literatura que saíram da minha cabeça desde que eu comecei. Ah, também tentei escrever sobre um advogado especializado em sequestros que tinha o estranho hábito de fumar os dedos cortados de seus clientes em cativeiro, entretanto não consegui ir muito longe nessa história.

Com a benção dos amigos, paguei a conta e parti, caminhando pela Av. Getúlio Vargas em direção ao ponto de ônibus, estava um pouco bêbado e tentava me concentrar para não dar bandeira na rua. Ao meu lado, voavam professores de cursinho, médicos, estudantes, jardineiros, motoristas, mendigos, todos indo para algum lugar em meio àquele fim de sexta-feira. De uma maneira cinematográfica eu ia devagar, com as mãos no bolso, me segurando para não dar bom dia aos cavalos, feliz pelos elogios recebidos no bar. Estava decidido: na manhã seguinte, iria até o Suplemento Literário de Minas Gerais a fim de entregar meus contos para uma possível publicação na revista mensal. Imagine, leitor: Alberto Fanti, autor publicado.

Eram umas nove da manhã quando pulei do 8108 em direção ao Arquivo Mineiro, na Av. João Pinheiro. Intocável, mais peitudo do que galo de briga, dei passos largos em direção aos escritórios do famoso Suplemento. Em mãos, novas cópias dos meus contos, impressos em uma lan house do centro. Os velhos sapatos de couro anunciaram a minha entrada na ante–sala:

– Pois não? – logo disse a secretária sem sal, me olhando com desconfiança por cima dos minúsculos óculos floridos.

– Meu nome é Alberto Fanti e vim trazer alguns contos para apreciação.

Ela soltou os ombros em puro desprezo, provavelmente eu era a oitava pessoa naquela semana a "trazer alguns contos para apreciação". Sem a menor cerimônia, ela arrombou a porta atrás dela e colocou a cabeça para dentro da sala:

– Seu Mauro, tem mais um menino aqui com material para vocês verem...

– Manda ele entrar!

Era um escritório grande e antigo, estava claramente malcuidado, suas paredes brancas estavam repletas de bolhas, os armários de sucupira começavam a ceder ao peso das centenas de livros e de revistas. Em um dos cantos, edições antigas do Suplemento estavam empilhadas naquelas estantes prateadas típicas de biblioteca, colado em uma dessas prateleiras, havia um aviso escrito em caneta marca–texto: "PEGUE QUANTAS QUISER E VÁ SER FELIZ". Me deu uma baita vontade de trabalhar ali.

Atrás da grande escrivaninha de madeira, Mauro Souza Braga, o editor, não se levantou para a apertar a minha mão, aponto para a cadeira velha à frente da sua mesa e perguntou:

– Então, Alberto, né? Você quer ser escritor, meu jovem?

– Sim, senhor – eu estava diminuído na minha cadeira, contraído contra o fraco encosto de metal, mais acuado que criança em dentista, sabia que vários dos meus ídolos já haviam se esbarrado naquela sala – pude ouvir Clarissa, Carlos e Fernando rirem do meu nervosismo – atravessar aquela porta foi o suficiente para abaixar minha crista.

– Deixa eu ver o que você tem aí – ele pegou as cópias e se dirigiu à janela, sentou-se na beirada e acendeu um cigarro, então jogou o maço em cima da mesa e se pôs a ler. Um silêncio pesado reinou na sala. Sentado em absoluta introspecção, me coloquei a analisar bem aquele ambiente e o quanto ele significava para mim. Todo grande admirador de literatura do Brasil conhece os meninos que despontaram com a ajuda do Suplemento – Sabino, Luiz Vilela, Drummond, Sérgio Sant'Anna... – e eu, de alguma forma, tentava dividir aquelas páginas com tantos e tantos deuses. Não sabia se estava pronto para tamanha honra, mas a aceitaria sem pestanejar. Mauro quebrou o silêncio, ainda da janela, me perguntou:

– Filho, quem são suas maiores inspirações literárias?

Achei que fosse um procedimento padrão da firma, então respondi a fim de ganhar alguns pontos com a chefia:

– Ah, os bons brasileiros... Graciliano Ramos, Guimarães Rosa, Machado de Assis, Monteiro Lobato...

Então, ele chegou perto de mim, sentou-se na sua escrivaninha, bem ao meu lado, porém de frente para mim e segurou meu braço, olhando bem nos meus olhos:

– Alberto, você trouxe esse material aqui porque você quer fazer parte da cena literária nacional, né? Você quer ser escritor, ver o teu trabalho publicado, escrever obras que movem as pessoas... como aconteceu com esses autores aí que você citou, não é isso?

– Isso, senhor, exatamente.

– Pois, então: eu li os dois contos, o do policial e o da discussão no bar... e eu só quero te fazer uma perguntinha sobre o que você escreveu... só quero esclarecer uma coisinha.

– Pois não, seu Mauro, pode perguntar o que quiser...

– Muito bem! – disse ele sorrindo. – Então me diz, meu filho, você já viu, em alguns dos vários contos do Graciliano Ramos que você já leu, algum personagem mandar o outro passar Sundown 80 na bunda e sentar no colo do capeta?

Antes de dormir

O garçom puxa o portão de lata da pizzaria enquanto Eduardo dá o beijo final em Luíza. "Moro aqui em cima, não se preocupa comigo" ficou sendo a mentira final daquele domingo, que, como outros, terminam com um Siena branco levando embora o único colo quente que ainda tolerava seus dedos amarelados. Com a mesma destreza com que levou o resto do salário do estudante de Letras, o garçom desamarra da cintura o avental verde, o joga sobre o ombro e toma rumo pela avenida. Somente Eduardo não tinha pressa em voltar para casa, que não era tão "em cima" assim daquele ponto de táxi no encontro da Assis Chateaubriand com a Francisco Sales.

Com dois dedos, tira do bolso um de seus vinte amigos, os únicos que conseguiu comprar na última semana, e começa a descer a Assis. Seus passos são guiados pela luz forte dos postes do Viaduto Santa Tereza, certamente elas o levariam de volta à sobriedade ou – se tivesse sorte – para o apartamento que dividia com o primo na Av. João Pinheiro.

Cada vez mais perto, o Teatro Alterosa se impunha à frente do cansado Eduardo. Parecia ser bem maior nos seus tempos de menino, quando os pais o trazia de Montes Claros para passar o Natal com a Vó Neide, sempre tirando um dia para levá-lo para ver o Especial de Natal de Jojô e Palito – assistiu ao mesmo espetáculo, pelo menos cinco anos seguidos. Mas esse não era o ponto alto do passeio: após as cortinas se fecharem, a mãe o levava à padaria ao lado, onde compravam sacos e mais sacos daquele pirulito de açúcar – esse mesmo que você está pensando, o no formato de chupeta. E, no meio da noite, horas após o miojo e da birra para escovar os dentes, Dudu aproveitava que o pai tinha dormido para puxar o lençol da mãe, que, sem dizer nada, ainda no transe do seu sono de boneca, alcançava a bolsa na escrivaninha e dali tirava mais um pirulito. "Agora, vai deitar" era tudo o que dizia enquanto fechava o zíper e se recobria.

Na juventude, voltou a tirar o sono da velha, que esperava na sala enquanto ele não voltava das festas de 15 anos do Colégio Montes Claros. Era sempre a mesma conversa. "Você não pode andar tonto assim pra baixo e para cima", "Quem te deixou aqui em casa?", "Tem que comer alguma coisa, meu filho", enquanto Eduardo ficava aos risos na cozinha bebendo copos de água da torneira e tomando comprimidos de Neosaldina. Ela só conseguia dormir quando o filho se jogava de cuecas na cama de solteiro. Teve a vez em que ela queria levá-lo para a Igreja por ele passar as noites inteiras acordados e só se levantar após o Vídeo Show. A coisa só se acalmou quando ele trocou os lençóis do Hércules pela cama de madeira podre em um pensionato de agiotas no Centro de BH, em 2007. Só então ela pôde finalmente descansar.

Sob o olhar atento do porteiro, fisgado pela ponta luminosa do novo cigarro, Eduardo parou para observar as torres do Monjolo, do outro lado da calçada. E se todas aquelas paredes fossem invisíveis e pudesse despir os apartamentos de todos os móveis, veria centenas de pessoas dormindo, flutuando inquietas pelo céu do Floresta.

Na madrugada, há sempre alguém esperando alguma coisa. A mãe espera o filho. A atendente do Habib's espera um telefonema. Na redação do Super, esperam pela tragédia. Na Guaicurus, esperam pelo grunido, pelo o alívio. No Mater Dei, o médico espera dar o horário do plantão enquanto atende um homem desesperado, a quem restou esperar por um milagre. A esposa espera pelo avental verde, que está custando a descansar sobre a cadeira da sala. E ali, no Monjolo, não é diferente: certamente haveria um ou dois ainda de pé, inquietos esperando por algo. Ou pior, por alguém.

Em algum lugar do Gutierrez, uma mãe não dorme. Seu filho, um jovem excessivamente perfumado, espera na portaria pela filha de alguém. Ela teima em não descer. O que ele não sabe é que, lá no nono andar, o pai de sua amada também não se deita, fazendo enigmas indecifráveis com os imãs da geladeira. A menina dormirá com outro, que, aos pulos, a abandonará sem culpa, tentando chegar em casa antes que sua esposa acorde. Ele sabe que pior do que esperar por alguém antes de dormir é acordar sem aquele por quem tanto se esperou.

Mas Eduardo que não se preocupasse, que seguisse o mesmo conselho que deu à garota na porta do táxi: nem ela, nem sua mãe – domada à ansiolíticos –, nem mesmo o padre ou os agiotas o esperam esta noite. Seu sono será tão sentido quanto o apagar das lâmpadas do Viaduto Santa Tereza. Ele é só mais um ponto laranja de Carlton, que se move pelos últimos arcos, e agora alcançava as ratazanas que subiam com ele a Rua da Bahia.

Quando começa a subir a João Pinheiro, Eduardo vê uma luz de banheiro se apagar lá no alto, quase na Praça da Liberdade. É o pai da Luíza, que – como você, caro leitor – agora pode ir dormir também.

Sexta-feira

O metrô estava estranhamente vazio naquela sexta-feira. Lá fora, o sol estala o pátio da Estação Calafate. Para a minha alegria, a luz que enchia os vagões deixava as pernas das meninas ainda mais bonitas. Talvez pensar nisso fosse coisa de mineiro mesmo, talvez fosse ilusão: quando havia poucas moças no metrô qualquer joelho à mostra já valorizava a viagem. Na minha frente, uma bela prova da minha teoria: uma morena alta, de cintura fina, se espreguiçava calmamente, tinha seus dezessete anos. Tentei me lembrar dos meus dezessete, não consegui.

A menina olhou para mim. Meu peito, que já viveu alguns carnavais, encolheu-se acuado. Meu nariz, por maior que seja, buscou sem sucesso o ar escasso do vagão. Engoli seco, ela iria falar. Olhei para o chão, distribui olhares pelo ambiente, mas nada disso fez ela mudar de ideia.

A jovem sabia o que estava fazendo: com os pés apontados em minha direção, ela alisou seu cabelo e mordeu os lábios, o silêncio finalmente iria ser quebrado. Seus olhos passeavam pelo meu rosto, eu podia sentir, era como se pedissem autorização para o que ela iria fazer. Em *slow motion*, abriu sua boca, e logo depois... a bolsa. O ar finalmente entrou nos meus pulmões, era alarme falso.

Ela passou a mão no cabelo e ajeitou a blusa, como fazem as profissionais. Devagar, ela mordeu os lábios, contraiu sua boca mostrando uma pequenina pinta na bochecha. Com a mão na bolsa, girou seus grandes olhos verdes para a direita, para a esquerda e, delicadamente, em minha direção.

Admito que não aguentei: olhei para o lado. Fingi ver as horas, mas os segundos não passavam. É. Quem diria, Capitão? Deu pra ter medo de mulher bonita? A consciência não me perdoaria... o que é que eu vou dizer lá na rua? Não vou dormir bem se não virar para frente e olhar ela, bem olhado. Tenho uma fama quase centenária na calçada, não seria uma mocinha bonita que iria me desestabilizar... já fiz esposa largar marido com apenas um telefonema e meia dúzia de palavras. Mas isso foi pouco tempo depois dos meus dezessete anos.

E na minha cabeça eu a via na cozinha passando o meu café das 4 da tarde. Minha orelha já podia ouvir o seu: "Já acordou, bem?", podia vê-la reclamando da toalha molhada na cama. Ela me beijando por trás enquanto eu fazia o almoço de domingo, e como me observava quieta enquanto eu secava os pratos em volta da pia. Olhava seu nariz e meu pescoço branco já o sentia, imaginei as minhas mãos enxugando o suor nas suas coxas grossas, seu cabelo sendo a minha rede para a mais noite quente de verão e a sua saliva matando a minha sede de fantasias.

A moça tirou as mãos da bolsa e me encarou de novo. O suor mantinha minhas costas coladas no assento. Num gesto de angústia, arrisquei um sorriso. Sua boca se move novamente. Agora não tinha como, depois de quase me arrancar o marca-passo, ela tinha que falar.

Olhei para a sua boca e então ouvi:

– O senhor gostaria de comprar uma rifa?

– Rifa?! – perguntei incrédulo. Não podia ser. Tanto charme para me oferecer um pedaço de papel, valendo o quê? Um fogão 4 bocas que eu já tinha? Só pode ser brincadeira.

– Rifa da Igreja Pentecostal do Largo de Santa Marta, é pra uma bicicleta novinha – ela tentou justificar, tarde demais: não fui o primeiro e nem serei o último homem feito que aquela senhorita decepcionou.

A Estação Santa Efigênia chegou, desembarquei ao som das minhas próprias gargalhadas. Isso que dá ser poeta, quem mandou pintar a vida de rosa? Essa cidade ainda me mata. Senão ela, uma belo-horizontina.

A última parada

Não sei o horário indiciado na placa de trânsito, mas fato é que, a partir de determinada hora, os carros começam a tomar conta das pistas laterais da Contorno, na altura do Santa Efigênia. É quando abre o Chopp da Fábrica, a última parada antes do domingo.

Há algo de nostálgico nas mesas de madeiras – todas bambas –, nos cardápios de couro, no ventilador-rambo a atrapalhar a narração de uma luta reprisada e no uber-cheiro de bife na chapa: o Chopp da Fábrica lembra os almoços de domingo em família que nunca mais voltarão.

Lá, encontro todos aqueles que conheço há muitos anos, à ausência de um ou outro que, por sorte ou competência, se encontra em melhor companhia do que a nossa. Quando eu te vejo às 4 da manhã, indo tomar a caidera no Chopp da Fábrica, atesto e dou fé, de que algo deu errado. Mesmo que você não admita.

O encontro das mesmas turmas, naquelas mesmas mesas, depois das mesmas baladas marca ciclos obrigatórios na vida da Classe Média belo-horizontina. Ali, ficamos aliviados com os nossos próprios fracassos ao nos certificarmos que, desde a última vez no Chopp da Fábrica, nada de novo aconteceu com ninguém que conhecemos, muito menos com nós mesmos. A tábua de pedra lembra a roda de mediocridade na qual estamos presos.

O furioso cruzar talheres contra a montanha de macarrão à bolonhesa é senão uma forma de vingança às horas gastas com drinks sofisticadíssimos servidos em copos finos, a estalaram a cada falso brinde e sussurro de "saúde". E a brutalidade nos palavrões e expressões erotizadas contrasta com a conversinha maciota passada em vão aos ouvidos de uma mocinha nos fumódromos e cantos de bares. Elas fingem ouvir, enquanto pensam nas histórias que irão contar às caronas de volta para a casa. Para acompanhar a parmegiana, é necessário irrigar com cerveja morna o longo caminho entre sonhamos e o que, de fato, o sábado nos trouxe – quanto maior o abismo da desilusão, mais e mais tulipas serão esvaziadas.

Mas nada disso aplaca, pois é quando sozinhos cruzamos as pistas Contorno para buscar o carro estacionado em frente ao Hospital Militar é que a vida nos cobra a despesa: o sentimento ensurdecedor de que, no próximo sábado, a vida não nos será melhor.

Pernoite

E essa Daniele de quem eu te contava era quem fazia valer o rótulo de "24 horas" na parede do estacionamento onde eu trabalhava antes daqui, na Guajajaras, quase João Pinheiro. Usava maquiagem forte e tinha as maçãs do rosto bem altas, como as moçoilas da Faculdade de Direito. Mas ninguém havia de se confundir: os olhos fundos e as gasturinhas das mãos davam à Daniele a conta exata dos seus trinta e poucos anos.

Quando chegou pela primeira vez, era eu quem estava no caixa e lhe disse que não havia tal plano de "mensalista de pernoite". Claro, havia moradores da região que, pelas condições precárias dos prédios, contratavam conosco uma vaga à disposição, por preço quase igual ao do aluguel que pagavam por seus quitinetes na Augusto de Lima. Mas esses eram poucos e chegados de anos – ainda que essa duradoura relação se restringia a conhecer seus nomes e clubes de coração, sendo essa a conversa que mantinham conosco a caminho de seus carros.

– Esse plano não me atende – ela disse –, quero o preço e as horas de um mensalista, até porque não virei nas segundas e terças, e no resto venho depois das dez e vou embora antes das seis... vocês não são 24 horas? O chefe acabou por admitir, com a advertência de que só havia vaga no andar de cima. A ficha de cadastro dizia Valéria Rocha, com o RG emitido em Santa Catarina, deixara em branco o telefone fixo e a ocupação.

Ela sempre chegava depois do Jornal da Globo, quando ficava só eu, o Dênis e o Neguinho no estacionamento. Gostava de parar o carro ela mesma, sempre na vaga do canto, obrigando-se sem qualquer motivo a enfrentar sozinha os ventos do sereno. E só por causa dela que deixávamos acessa por toda a madrugada os refletores do pátio superior, às custas do descanso dos vizinhos nas janelas inferiores.

Na primeira noite, fingimos não prestar atenção nas botas longas e bijuterias grossas, como se estivesse indo para alguma festa perdida no silêncio daquela quarta-feira. Assim que virou a esquina, o Neguinho sacou e veio pro caixa fazer pergunta que habitava as nossas cabeças – quanto será que é?

Logo, aprendemos os horários de Daniele: a cada hora ou duas, ela voltava para o carro e lá ficava o tempo de retocar a pintura, dar um rápido telefonema ou trocar uma outra peça de roupa. Às vezes, só voltava no meio da manhã, sem pagar pelo adicional. Nunca dizia nada além do cerimonioso, nem nós a ela, senão para adverti-la de que não abriríamos no feriado.

E em todas aquelas noites, durante todos aqueles meses, era ela sumir pelo portão que nós danávamos a imaginar histórias – o que será que levava na bolsa, com quem se encontraria, o que faziam entre si e de que modos – e, por óbvio, as nossas preferidas: o que cada um de nós faria se um dia batesse à porta a tal da Daniele. Dessa forma, cada um ia revelando suas perversões, cada vez mais esdrúxulas e irreproduzíveis. E o engraçado disso tudo – e isso, pelo bem daquele jogo, eu não dizia – era que me era evidente que no fundo, no fundo, nenhum de nós a desejava, e eu me odiava por tê-la como objeto, ainda que sabendo ela ser a Senhora Feudal do seu próprio mundo e desde que chegou, do nosso.

Mas quando não se é um ninguém como eu era, se é que deixei de ser, é preciso aguentar firme só para ter o que calçar e para onde ir ao final do expediente. E, naqueles dias, junto do café e do rebite que o Dênis vez ou outra trazia, quem melhor me tomava o sono era ela; na verdade, era tentar adivinhar em qual daquelas janelas iluminadas se esconderia Daniele pela próxima hora.

Banco Imobiliário

Diz a história conversada que Aarão Reis, ao dar os pontos e traços da nova capital, fez aquele agrado ao patrão: a maior avenida da nova capital, que ligaria a Estação Ferroviária ao pé da Serra do Curral, levaria o nome do contratante, o Presidente de Minas Gerais: Afonso Pena.

Ao ligar o hipercentro à mansão do Governador, a Avenida Afonso Pena é uma metáfora para a nossa dinâmica de ascensão social: quanto mais longe nos 4.450m de comprimento, maior o valor do imóvel – e dos jogadores – no Banco Imobiliário belo-horizontino. É possível que haja quem não saiba o que acontece depois do Breik-Breik na Praça Milton Campos, assim como quem não conheça do Palácio das Artes para baixo.

Claro, o Código de Conduta da Afonso Pena acompanha seu próprio jogo inflacionário: pode-se cobrar cinco ou nove reais pela mesma cerveja, a depender se você está mais ou menos perto da Rodoviária. A regra vale para tudo, do cafezinho à água de coco, passando pela grama de pó e pela ficha de sinuca. É assim mesmo por aqui: o Pai-de-Família pode levar sua esposa à Pizzaria Mangabeiras para comer a mesmíssima lasanha que irá dividir mais tarde no trailer com a dama de companhia.

Os únicos que não compactuam com tudo isso são os táxis-lotação, que pelo preço da passagem, cruzam a avenida e todo esse jogo social bobo. É ali, no banco de trás dos *corsas* e *palios*, que se apertam os ricos e os pobres, trocando bom-dias e boa-tardes como quem tromba com o pior inimigo na fila do *check-in*, um encontro de cotovelos que seria impossível nas salas de cinema do Ponteio ou da Kratos.

Mas a democracia dos táxis-lotação acaba assim que o sinal fecha e o condutor, entre os tilintar das moedas, lhe faz a Pergunta-de-Ouro. "Amizade, vai ficar em qual altura?". E nessa hora, somos obrigados a engolir seco e admitirmos nossas credenciais.

No fim do dia, cada um sabe seu ponto na Afonso Pena.

A Paz Mundial

Digamos que minha estreia no Diário da Tarde, cobrindo o último Atlético X Cruzeiro, passou longe de ser um sucesso. Aparentemente, a moçada não ficou muito satisfeita comigo por conta da coluna publicada na contracapa do matutino. Não achei que passei dos limites, que você faça seu próprio julgamento: tudo o que eu escrevi foi que a zaga alvinegra estava "mais perdida que gringo no Shopping Cidade" e que o novo lateral cruzeirense "foi mais lento que meu 3G da TIM". O chinelo cantou nos corredores da redação, e a solução foi a minha transferência para a Pessoas & Lugares, a "coluna social" do jornal.

Um dia, após o pão da tarde, ia voltando para o meu metro quadrado quando vi sob a escrivaninha um pomposo cartão branco, em púrpura – no couché finíssimo – lia-se "Gilberto & Ângela", um post-it colado em cima explicava a situação: "Se a matéria não ficar boa, a demissão já está autorizada pelo chefe. Te vira". Em minhas mãos, o convite do casamento mais esperado do ano e um aceno para o desemprego.

Obviamente, eu não era o único repórter interessado pelo matrimônio da semana seguinte. A cobertura do casamento estava sendo feita em dois grandes nichos. Uma parte estava focada no evento em si: Quem vai tocar? Quem fez o bolo? Qual é o vestido da noiva? Onde será a Noite de Núpcias? Uma outra queria saber os embrolhos políticos por trás do casamento que ameaçava com os grandes partidos que rifaram em dois o Estado de Minas Gerais.

Gilberto Siqueira Neto, de 28 anos, é o Secretário de Transportes de Belo Horizonte. Sobrinho do prefeito recém-reeleito pelo Partido Azul (PAZ). O rapaz usava seu diploma em Administração para revalidar os contratos milionários com os consórcios de transporte público e fiscalizar pelo computador as obras de reestruturação da Cristiano Machado (que, acredite, meu leitor, ainda não estava totalmente pronta em pleno 2024). Além disso, ocupava um cargo na diretoria do Cruzeiro, sendo um dos que pediu a minha cabeça aos donos do Diário.

Ângela Assud é a filha única do ex-governador de Minas, Maurício Moura Assud, hoje deputado, líder do Partido Vermelho (PV) no Congresso. A moça tinha uma vida social discreta e, acostumada com a vida de princesa no Palácio das Mangabeiras, resolveu largar a faculdade de Direito para acompanhar o pai em seu gabinete em Brasília. E foi a primeira a negar o affair quando saíram na internet fotos dos dois saindo juntos de uma boate em Búzios. Em pouco tempo, não teve jeito: para andarem sossegados pelo São Bento, assumiram o namoro.

Ainda assim, meses depois, lá por janeiro, o Deputado e o Prefeito fizeram cara feita quando foi anunciado que o namorico tinha se transformado em um noivado, desses de novela. A base aliada do Partido Vermelho chiou – Como pode a filha/assessora do nosso líder arrumar a gravata do adversário? – e acharam por bem que o melhor era a menina voltar para BH. Do lado de lá, Gilberto era o grande "Maquiavel do Buritis", o "Romeu Azul", que na posição de genro, iria aos poucos ganhar a confiança dos Pevês, mantendo-os em banho-maria à sombra do envelhecimento do sogrão. Diziam, nos banquetes do Automóvel Clube, que havia um bolão de apostas para saber quem seriam os padrinhos e madrinhas.

O dia havia chegado e, pressentindo o tamanho da confusão, pulei do táxi no Pastel da Bruxa, para que pudesse observar o fuzuê com alguma distância. "Hoje não é dia de política" era a frase mais ouvida nos arredores da Igreja Nossa Senhora da Boa Viagem, enquanto a Tradicional Política Mineira enfileirava seus Civics e Corollas nos entornos da João Pinheiro. Alpinistas sociais e celebridades de ocasião trocam beijinhos com panicats nos portões da Igreja. As crianças e adolescentes deixavam-se brilhar pela enxurrada de flashs enquanto os mais velhos eram categóricos: "Vim prestigiar o amigo Maurício e a filha, que conheço desde totoca" ou "Vim dar um apoio para o Gilberto, que vem fazendo bom louvável na Prefeitura". Para a maioria era o casamento de um só.

Sob as iluminadas cúpulas, acotovelam-se assessores e cortesãs, sindicalistas e patrocinadores, figurões e seus leões de chácara, cada um em sua respectiva posição e junto de sua esquadra, dividindo os longos bancos da igreja como em um tabuleiro de xadrez. A verdade é que a rivalidade ideológica entre os dois grandes partidos de Minas, antes visceral, já estava ficando meio estéril e desbotada. Na noite de hoje, o eleitor comum que estivesse passando por ali só poderia diferenciá-los pela cor da gravata. Cada extremo do assento era decorado por um buquê de violetas roxas, como se misturadas entre espécimes azuis e vermelhas. No hipercentro do espetáculo, o Padre com um microfone de lapela esperava pelo início da cerimônia.

De onde eu estava, escorado em uma das saídas laterais, pude ouvir alguns dos muxoxos da gente importante. "Quero ver se eles vão de BRT para a Lua de Mel em Nice", "O Assud está passando tempo demais em Brasília, se tivesse ficado aqui não ia deixar a filha ficar com esse rapaz" e outros pitacos, alguns mais ácidos que a Lagoa da Pampulha. Essas mesmas bocas de sapo seco – que mais tarde brindariam taças e beijariam o rosto da noiva – ficaram em silêncio quando o velho Governador Assud entrou de braços com a filha.

A cerimônia foi maravilhosa e até o carrancudo Prefeito chorou. A Orquestra Filarmônica errou algumas notas, talvez em protesto aos cortes no orçamento, mas não ofuscou a alegria do casal, que era só sorrisos e acenos. Na saída, o prefeito foi tentar falar algo com o ex-governador, que apressou a saída para não se dissolver na confusão. Numa confusão de carros pretos, todos iam subindo para o Palácio da Liberdade, onde o Paulo Navarro já estava com a mão tremendo.

Na parte de dentro, a festa correu solta: quatro tipos de massa, comida japonesa e caipisaquê – "o melhor é o de Maracujá", me confessou a Fernanda Takai. Nos fundos, um trio de jazz enchia os ouvidos das crianças, que corriam pelo amplo jardim. Na parte de dentro, valsa e apertos de mão, enquanto um e outro figurão roubava os canapés de queijo coalho com goiabada. Alguém chamou o marido de alguém de mau-caráter na fila do banheiro, sem revide. Um rapaz passou dos limites e recebeu um sonoro "só podia ser filho de quem é". Mas a lua cruzava o nosso céu sem muito o que vigiar. Lá pelas duas da manhã ou no terceiro copo de Chivas – o que tivesse chegado primeiro – percebi que já era hora de ir embora.

Já no táxi, a festa cobrou seu preço: para ser publicada ainda naquela manhã de domingo, a matéria tinha que ser entregue ao editor às 5h da manhã. De pronto, dei ordem para tocar pra sede do jornal e liguei para o fotógrafo. Campeão, já temos todas as fotos, estamos todos aqui esperando o seu texto. Busquei o bloquinho no fundo do blazer e os meus medos se confirmaram, durante toda a noite, eu só havia escrito duas linhas sobre todo o casamento. Foi um rascunho alcoolizado que fiz parado sob a grade do segundo anel do Palácio, enquanto observava a primeira valsa dos noivos, que rodopiavam sob o mármore do salão. Era o garrancho sobrevivente:

"Queridos leitores, não consigo ver tudo daqui de cima, mas parece que o segredo da paz mundial está no olhar manso da Ângela ou – na pior das hipóteses – na mão-boba de Gilberto, perdidinho na cintura de sua mulher."

Guaicurus

É preciso que o mendigo aperte meus ombros para que eu volte à realidade. "Tô miado hoje, padrinho, lamento". Ele me corrige, não pede dinheiro, quer só saber as horas. Nessa situação, seria normal sentir vergonha pela pressa em dispensá-lo, mas agora, quase oito da manhã, em plena São Paulo com Guaicurus num domingo pós-Virada Cultural, estou cansado demais até para um dos meus esportes favoritos: me chicotear.

Depois de andar toda a cidade, por toda uma noite, com toda essa gente, é normal que bata a necessidade de se jogar no fundo de um táxi e ir só acordar em casa, sem nem conferir o troco. Mas é impossível fazer isso quando a moça mais bonita do mundo toma banho com a água de chuva que cai da calha de uma das casas da Guaicurus. Não é alta, nem baixa, e é impossível saber a sua idade – uma daquelas que pode muito bem ter dezessete ou vinte e nove –, se é que os anjos têm data de nascimento. Ela dá às costas para a casa e deixa a água cair sobre seus longos cabelos pretos, que junta com o encontro das duas mãos como uma concha. No fundo, a banda guarda seus instrumentos e se bate em retirada, a rua vai se esvaziando, e não há sequer um miserável que não assiste, nem que seja de soslaio, ao banho de calha da garota na Guaicurus.

Suas roupas estão encharcadas e sem nenhuma vulgaridade, ela sorri para o sol com os olhos fechados, nem aí; descalça, parece que seus pés sequer tocam o asfalto molhado. A água que cai da calha é límpida e se mistura com o suor do seu rosto sem fazer barulho, como se assistíssemos a um auto-batismo à beira de uma cachoeira.

Logo me dou conta que o elemento fantástico da cena não é a beleza da menina ou a luz que corta as barracas dos patrocinadores, o encanto está no fato da ser a Rua dos Guaicurus, levando consigo todo o peso histórico que a zona representa para a cidade. E penso em contar tudo isso para ela, de modo a alertá-la – e até, quem sabe, salvá-la – de tudo o que compõe a água na qual ela se banha.

Mas antes que eu dê o primeiro passo, sou obrigado a admitir que são as minhas lentes moralistas de rapaz cristão belo-horizontino que turvam aquela água. É a coleção de relatos sórdidos que coleciono há anos de amigos, primos e vizinhos, sem nunca ter eu mesmo subido qualquer um daqueles degraus. O pecado mora nos meus olhos.

Quando a menina rodopia para fora e começa a tomar seu rumo em direção à Espírito Santo, percebo que o palco já fora desmontado e que os policiais já vão retirando as cancelas, retomando o trânsito local. Fico sozinho a encarar o jorrar da calha batendo no asfalto, carregando a dura certeza de que em toda a Guaicurus, sujo estou só eu.

Reforço escolar

O estalo da porta da frente espantou o cachorro, já deitado perto do fogão à espera do almoço. Jurema veio acalmar a patroa e disse gostosa ao pescoçar escritório adentro. Viu só? Tá de bico até agora, diz que fez má-criação na volta do Escolar. A Dona Bete achou graça. Coisa boba, Lorena. Onde já se viu ficar assim por causa de uma nota ruim em química? Mas a vergonha da menina era muita. Tinha guardado o boletim bem no meio da agendinha, para a mãe não descobrir. Até que um dia, depois do balé, viu o papel timbrado do colégio aberto sobre a escrivaninha com o bilhete – "Conversaremos sobre isso quando eu chegar" – a menina foi chorar quente no refrescar do banho.

Escovado os dentes para sair no serviço, Bete viu que a porta do quarto da filha continuava fechada. Ela não almoçou, Jurema? Bateu e encontrou a filha sob as cobertas estampadas de jasmins. Quase quinze, não condiz com tanta birra, já moça feita – sentou-se à beira da cama.

Lorena, minha filha, por que você não me contou no dia? Os exames finais já são no final do mês. Eu sou sua mãe, princesa, eu nunca vou ficar decepcionada contigo, que é isso, boneca, não tem que impressionar a mãe não, uai. Para de bobiça. E Lorena se corava e ria de nervoso, com os cabelos loiros de cachinhos já amassados de tanto travesseiro. Ai, a Lorena!

O professor viria à tardinha, por duas horas. Às sextas, Jurema fazia almoço e se tocava para Matosinhos, então era a Lorena que ficava de passar o café, encher a forminha de gelo e ir à padaria comprar café, bolo, pão, suco e refrigerante para servir ao rapaz. Era o filho da Claudinha, lá do serviço, estudante de engenharia mecatrônica e dirigia o próprio carro. Tinha 21 anos e sabe-se lá mais o que.

As amigas falavam bobagem e, quando o sinal do recreio batia, deixavam Lorena a imaginar tanto. E se ele for bonitão? E se tiver namorada? E se não gostar de mim? No dia, Bete viu que a filha estava apreensiva e nada disse. Era bom que estivesse desaquietada com isso, quem sabe não aprende a gostar da matéria. E a Claudinha sempre contava orgulho do filho. "Aí, o Túlio!"

"Pode deixar subir". E pôs a ajeitar os cadernos e apostilas sobre a mesa de vidro da sala. Ao ver a luz do corredor se acender, suspirou, estava procurando o 1002. Túlio era do seu tamanho, tinha barba e pelos grossos sob os braços e mãos, saltavam-lhe algumas das veias, como serpentes adormecidas sob o manto-superfície de uma savana intocada. Um homem mais velho, sob controle das coisas.

Sua mãe me disse que a prova é semana que vem, me diga a matéria. E se puseram a estudar. Lorena empostava a voz, e pouco falava. Posso continuar? Pode. Havia uma importância em cada toque e palavra que Tulio dizia, até virar a folha era um gesto sensível, indolor às fibras das apostilas do Colégio Santo Antônio. Fazia tudo à lápis, sem sublinhado. E os desenhos eram firmes, feitos com o cartão da biblioteca da PUC. Na primeira hora, a moça manteve a posse cerimoniosa da ocasião, levantando só para trazer água gelada – havia dispensado o café e os casadinhos e uma vez no banheiro, onde aproveitou para usar o celular. Porém, em tempo, passou a dar sinais de tédio: apontava o rosto para a janela e se espraiava pela cadeira enquanto Túlio repetia o caminho para aquelas fórmulas.

– Lorena, tá prestando atenção?

– Tô, sim!

– Então como é que eu cheguei nesse resultado? Cê não tá é nada, né?

Os sorrisos se bateram e ela abaixou a cabeça.

– Ei, traz a Coca lá pra gente – pegando no bracinho da menina.

Ele contou um pouco das coisas da faculdade, das festas, dos mestres mais velhos, até dos meninos e das meninas, e Lorena ficou encantada com aquela ideia – estudar à noite, sem precisar de uniforme, o campus, o barzinho de quinta, sem hora pra voltar. E a jovem se maravilhava: era mais do que o que as amigas falavam. E aproveitava a brecha para fazer perguntas ao professor, mesmo quando ele tentava trazê-la de volta para a química. E como era bom sentir ele se esforçando para não se deixar levar pelo sorriso da menina. "Aqui, sô, vamos fazer esse exercício logo", dizia, retomando o controle.

E assim foram levando pela hora, se atrasando um pouco mais em cada item, com brincadeirinhas e pequenas provocações. No final do capítulo, a garota o encarou com ternura, como quem esperava ser conduzida – e agora, Túlio?

Túlio, pela primeira vez, conferiu as horas e disparou, sem tirar os olhos do celular:

– Lorena, pega lá dentro o meu dinheiro.

Jogo de futebol

Não fosse pelos cavalos escovados e uma ou duas bandeirolas estendidas na ventania, ninguém haveria de dizer que era dia de jogo na Rua Pitangui. Talvez um pouco cedo demais, mas já havia quem deixara a esposa em casa e tomava os bancos gastos do Bar do Branco, em frente ao Portão 4 do Estádio Raimundo Sampaio.

Fabinho ficou aliviado ao ver a mesa do canto vaga, à sua espera, como costumava ser. A mesma TV chiada, os mesmos cartazes de cerveja, o relógio de legumes na parede, o barulho de lata sendo amassada… tudo em seu lugar para mais um domingo de jogo, e aquele ritual imune à passagem dos anos.

– Uma cerveja e dois copos, duas doses de cachaça, separadas.

Atrás do balcão, Batata acompanhava a cena. Como o garoto havia envelhecido nesse ínterim: uma barba rala, como que feita de pentelho, e muito emagreceu; rosto chupado, fazendo visíveis os traços do pescoço e as veias das mãos, já devia estar com vinte e um a esta altura.

O garçom posta os copos, enche um e o coloca na direção de Fabinho, dá também uma dose da cana.

– Me avise quando quiser a outra.

– Ei, maluco! – interpelou. – Me serve agora a segunda dose, e encha o outro copo.

– Mas…

– Pois estou esperando alguém – diz enquanto afasta o copo vazio para a outra ponta da mesa de latão.

A voz gostosa de Batata cruza o balcão:

– Ô, Nem, deixa que eu pego essa mesa.

O garçom abre espaço para o abraço dos velhos amigos.

– Fabinho, meu filho, cheguei a pensar que você nunca mais voltaria.

– Eu voltei, Batata. Como deixaria de vir aqui?

– Mas depois de tudo o que aconteceu, o seu irmão... fiquei sem saber de você, o seu pai deve tá...

– Ainda não descobriram nada, Batata, ele pode estar por aí, né, quem sabe tudo isso não é mais uma das dele, já nem sei!

– Você não acha mesmo que ele possa...

– Os bombeiros da Serra do Cipó disseram que nunca perderam ninguém – suspirou – se tivesse acontecido algo grave, eles teriam achado o corpo, os sapatos, alguma coisa.

– Não é possível, rapaz, não acharam nada?

Ambos assistem ao fluir da fina camada de espuma ocupando as beiradas curvas do copo Lagoinha. O rapaz encara a calçada. Pais e filhos na fila da bilheteria, a morena nova estende as bandeiras no varal improvisado, meninos chutam latas de refrigerantes, comem espetinhos, explodem traques, mães usam perucas verdes, usam óculos de sol, contam o troco.

– E você pegou mesmo o jeito dele, né? – Batata sorri com os lábios apertados – a Santa Antártica, a dose de cachaça para "puxar o aquecimento", a cadeira de frente para o relógio da cozinha, esperando dar o horário de entrar, só não me diga que você também comprou dois ingressos para a inferior...

É óbvio que havia comprado. Ambos tinham direito à meia entrada, mas sempre compravam a inteira. Também mania do irmão – "é pra ajudar o América". E tinha A Cadeira do Camilo, que não era uma cadeira específica, e sim um método para decidir onde iria se sentar: entrando pelo Portão 3 ele andava em direção ao gol da direita, onde ficam os ingressos mais baratos; ele andava devagar, contando os passos, ultrapassava o que seria o meio-de-campo, e só então descia algumas fileiras; em pé, ele erguia o braço esquerdo, como se fosse um guarda de trânsito, se a ponta do dedo dele estivesse bem na linha do meio-de-campo, era a Sua Cadeira, e eu pegava a do lado.

O bar já estava praticamente vazio, um ou outro ainda se apoiava sob a televisão do balcão, deixando para decidir se iria entrar depois daquele casco ou do próximo, se o América começasse tomando gol, então... a bateria da organizada já tinha entrado toda e agora cantavam a escalação de ilustres desconhecidos. Havia um ou outro veterano, um figurão que foi capitão do Botafogo, um moleque da base e um meia-esquerda buscado a preço de ouro do interior paulista – olho nesse aí, ó – diziam os atrasados a girarem a catraca.

– Eu me lembro quando o médico deu ordem e sua mãe implorou para o teu pai parar de vir, foi quando seu irmão passou a trazer você. Você menino pedia e ele não te deixava tomar cerveja com os garotos, só quando você fez idade. Seu irmão brigava quando falavam palavrão perto de você, pedia para você tampar os ouvidos, em estádio de futebol, uma loucura! Imagine, o Camilo, daquele tamaninho!

Fabinho olhava fixo no copo do irmão, o seu mesmo ele já havia parado de beber. Batata pegou na mão no garoto, se aproximou:

– Olha, seu irmão era um homem muito justo, mas eu não quero que você termine como ele... aquela promessa do rebaixamento, francamente!

– Para, Batata.

– Vocês, tão novos, choravam por conta de futebol, ele quase médico já!

– Ei...

– Me escuta aqui, meu filho, seja honesto: você não acha mesmo que depois de cinco meses ele ainda possa estar vivo?

Fabinho se levantou em um impulso – mas sem raiva – abriu a carteira, tremendo, tirou um dos ingressos e estendeu ao amigo:

– Batata, se ele vier, você me faça o favor de entregá-lo – estava sério e viu o companheiro guardar o bilhete no bolso do avental enquanto tomava a rua rumo ao portão de entrada, já passava da metade do primeiro tempo.

No fim do jogo, Batata não achou o menino em meio à multidão animada – 2 a 0, com gol contra – e achou melhor não ir atrás. Já ficava por ali adiantando as coisas. O Nem ia fechando as mesas, guardando as cadeiras, mas quando ia recolher o copo cheio, Batata bateu pé. Deixa aí! Quem sabe o Camilo não resolve aparecer de uma vez.

MUSEU
AS
IPOCAS
ERDIDAS
CINE

O museu das pipocas perdidas

O Sol some por inteiro atrás da Rodoviária e esse é o sinal definitivo para que eu largue minha escrivaninha bege e siga o meu périplo para casa. Desço devagar quase toda a Afonso Pena, enquanto inocentes batem asas atrás de táxis e trabalhadores se espremem em grandes *Mercedez-Benz* azuis. A cada passada, me esqueço mais e mais da papelada entediada que tinha em minhas mãos há tão poucos minutos. Impressionante como "documentos" tão inúteis podem pesar tanto. Pior, podem gerar doenças tão feias quanto seus nomes – erisipela, anasarca, blenorragia e etc. – pelas caras que fazem enquanto esperam o sinal abrir, todos ao lado estão pensando nas mesmas coisas que eu. Ninguém é feliz dentro da Contorno.

Já na esquina com a Av. Brasil, não resisto e me posto ao lado do bigode de jaleco. Peço uma salgada, da de cinco. Brinco que é "para viagem" enquanto ele abre o saco com a ponta do pegador; como de praxe, o homem insiste em socar pipoca no engordurado recipiente. Os pipoqueiros de Belo Horizonte são uma grande metáfora da vida adulta: colocam na sua mão 464 responsabilidades para você tomar conta e ainda dizem que foi você que pediu para caprichar, esperando que a gente dê conta de tudo. A verdade é que sempre caem algumas pipocas no chão. Sempre. Sempre enchem o meu saco além da conta.

Antes mesmo de alcançar a entrada do Edifício Séculus, deixo meu rastro de incompetência pelo asfalto, em um *remake* urbanoide de "João e Maria". Tudo isso me faz lembrar de todas as pequenas coisas que ficam para trás: a medalha de vice-campeão juvenil de vôlei, o Álbum da Copa de 2002, os cadernos de caligrafia, meu chaveiro de Lego que a Vó Luíza trouxe de Nova Iorque, aquela carta de amor que a Larissa da 6ª A me escreveu. Afinal, para onde será que vão todas essas coisas?

Para onde será que vão as pipocas que deixamos cair por aí – na frente do Palácio das Artes, no Mirante do Mangabeiras ou no do Morro do Papagaio, nas salas congelantes do Belas Artes e nas festinhas juninas do Colégio Batista? E as canetas que roubamos em hotéis, os palitos de Chicabon que tomamos com os nossos pais, as primeiras latinhas de cerveja no Mineirão, os fios de cabelos que se entrelaçam em um abraço bem dado, o Mentos comprado antes do primeiro beijo, os taxistas que nos buscam em festas de 15 anos para as quais não fomos convidados, vezes às dez da noite, vezes às cinco da manhã, as fotos que tiramos em Caxambu em 2006 e as gotas de suor que nos tomam o rosto enquanto o telefone toca e toca sem resposta... Deus, onde estão?

Queria que um dia – de preferência em um ordinário como este – o meu ônibus errasse o trajeto e me levasse para o portal mágico onde se empilham todos esses autosouvenirs. Lá, seria recebido pelo gnomo-administrador, que me jogaria o molho de chaves enquanto repete a única regra: "você pode pegar de volta somente uma das coisas".

Depois de uma tarde inteira de buscas e escavações, faria minha escolha: não traria de volta a cheirosa carta da

Larissa ou o álbum de figurinhas, nem taxistas encarcerados ou as canetas roubadas. Pegaria logo uma das cervejas, para tornar esta pipoca, esta crônica e mesmo esta vida, um pouquinho menos salgada.

Cinco minutos com Mário Coutinho

Sabia que se eu não quisesse ser um "foguete molhado" da literatura, teria de fazer uma ligação. Tudo bem, levar os meus pequenos problemas para as poucas pessoas no mundo em que confio não era nada novo.

Desta vez, a pessoa certa para me ajudar era o meu antigo professor de literatura, Mário Coutinho Cunha do Livramento. Coutinho chegou aos 50 anos de idade em boa forma, era magro e não muito alto ou largo, tinha os ombros de um menino-passarinho e conservava um rosto firme, meio Kerouac; o negócio era a sua paixão pela literatura – isso era contagiante pra burro – seu entusiasmo pela matéria e a sua dedicação pelo ensino, tudo isso fazia de suas aulas um negócio apaixonante. Em pouco tempo, eu decidi levar para ele uma cópia das minhas tentativas literárias e assim ficamos mais e mais próximos. Isso era 2010.

Aposto que nesses anos todos de sala de aula, Coutinho havia conversado com dezenas de pseudoescritores de 19 anos, o que significa ter lido muita coisa ruim (incluindo o meu *Sexta-feira*) e conhecia milhares de garotos que, como eu, estavam fadados a passarem de aspirantes a literatos a doutores de cabeça vazia. O problema é que eu ainda não tinha jogado a toalha, pelo menos para o meu primeiro livro. Tenho essa sensação de que eu não morreria se fosse proibido de escrever, mas, por outro lado, eu penso tanto em criação literária que não consigo me imaginar vivendo de outra forma. De todo jeito, acho que, no fundo, Coutinho adora receber um sonhador na sua sala, e ele gosta de mim, no duro.

Assim, foi mais fácil fazer a ligação e marcar um encontro. Aconteceu ontem, na casa dele, foi combinado que a gente tomaria um café lá para às 5 da tarde. Cheguei no horário, o que não é de costume. Coutinho mora bem no começo da Rua Jacuí, em uma grande casa verde, de esquina. Tinha dois andares e grandes janelas pintadas de branco. Olhando de lado, parece aquela casa que todo mundo imagina quando lê "O Cortiço", tem até uma dupla de pequenas varandas desbotadas voltadas para a rua perpendicular. Ele me recebeu com um largo sorriso, estava vestindo uma camisa polo amarela manga, jeans e Havaianas de pedreiro (daquela branca e azul). Foi aí que eu tive certeza de que ter vindo fora a melhor decisão da minha vida. Me abraçou com o amor de um pai quando vê o filho sair do carro após ganhar um Grand Prix. Era como se já esperasse a minha cara de bobo. Mesmo nunca tendo pisado ali, me sentia em casa.

No duro, um abraço bem dado pega a gente de jeito. No duro, quando ele me soltou eu havia perdido o medo de fracassar; tinha vindo determinado a pedir conselhos, mas, ao mesmo tempo, queria enganá-lo mostrando que eu estava ativo, que vinha trabalhando duro para escrever e que o que não faltava era vontade... balela. A verdade era que eu tinha ficado dois anos de migué, deslumbrado com o sucesso de Sexta-feira, meu eterno conto-cartão-de-visitas. Sabia que iria ouvir umas boas verdades, daquelas que a gente já sabe mas finge não conhecer.

Coutinho abriu a porta e entramos no imenso espaço que juntava sua sala de estar, uma mesa de jantar e três grandes prateleiras, todas cheias de livros. Ele me deixou para trás e foi direito para a cozinha:

– Café ou cerveja?

– Café... a Elisa não tá aí, não?

–Tá nada, ela foi para aula, só volta de noite – respondeu, me trazendo um copo de café – Carlinhos, preto véio, ouvi dizer que você voltou a tentar escrever, e pelo o que você me falou pelo telefone, não está conseguindo ir muito longe.

– Professor, eu adoro escrever, mas nada do que coloco no papel me parece minimamente bom, tudo me parece pueril, adolescente, burguês, nada tem profundidade. É como se eu ainda tivesse 16 anos, só que naquela época o que eu escrevia era sensacional, hoje eu vejo o quão vazio era, talvez o quão vazio eu sou.

Ele deu o gole final na sua cerveja, respirou fundo, me colocando naquele silêncio tenso, levantou-se e voltou para a cozinha:

– Talvez eu não expresse isso da melhor maneira, mas você é uma criança inteligente e vai me entender... – ele voltou de dentro com uma nova lata, estava meio amassada, mas resolvi não interromper – você se lembra do que o Prof. Antolini escreveu para Holden em *O Apanhador no Campo de Centeio*?

Eu sabia de cor: "a característica de um homem imaturo é aspirar a morrer nobremente por uma causa, enquanto que a característica de um homem maduro é querer viver humildemente por uma causa, algo assim, professor."

Ele então sorriu, sentou-se ao meu lado e perguntou – e isso te diz alguma coisa?

– Vish – olhei para os lados – acho que ele quer dizer, pelo menos no meu caso, que eu não deveria aspirar ser um escritor, ter fama e fortuna, isso seria querer morrer nobre... – ele continuou a me encarar, como quem assiste o filho a fazer a tabuada – o que eu devia era escrever mais e não pensar em reconhecimento, se essa é a causa que eu escolhi para mim... isso seria humildemente viver uma causa...

Estava tonto, era realmente algo bastante forte aquilo, dizer tudo para o meu mestre, aquele café amargo, aquela Itaipava quente, um fim de tarde sufocante... me deu vontade de ir embora, de fugir dali. Sou assim desde pequeno, corro dos problemas que crio, fujo do castigo, das broncas óbvias, das lições óbvias... tão, tão óbvias que eu nunca as aprendi.

Coutinho olhos nos meus olhos pela primeira vez desde que a gente entrou na casa: – Eu conheço dezenas de meninos como você, que se acham escritores por causa de meia dúzia de elogios, por causa de um prêmio, qualquer bobagem dessas... mas a verdade é que você não é um escritor – ele disse pausadamente, totalmente entregue ao espaçoso sofá – você não é escritor e ponto, e não é porque escreve mal pra caralho, ou porque você é um virgem existencial, ou porque você tenta sempre a piada fácil e quebra o seu texto com frases inesperadas... você não é escritor porque você simplesmente não escreve! Entenda isso, sô!

Abaixei a cabeça, estava muito desconfortável para chorar, embora minha garganta tenha embolado, não ia chorar ali, não mesmo. Sorri com a boca, entreguei a minha dor pelo olhar – e aí, professor? O que você tá dizendo?

Ele sorriu e fez um carinho na minha cabeça, e isso foi uma grande merda. Odeio quando alguém faz um carinho na minha cabeça no meio de uma conversa séria, eu me sinto um grande bebezão, talvez eu seja isso mesmo, tremi de raiva.

– Se você quiser mesmo chegar a algum lugar, e eu acho que é isso o que você quer, vai ter que se livrar de alguns hábitos ruins e vai ter de aprender a sentar-se diante do texto esperando as boas palavras aparecerem, você vai ter aprender a brigar pela qualidade ao invés de tentar vender a sua mediocridade. É a briga difícil, mas para os que nascem com a paixão pelo ofício, o que talvez seja o seu caso, é a única briga que vale a pena nesta vida – ele terminou a sua cerveja e se levantou novamente, agora indo em direção ao banheiro, continuou o discurso – Então pare de se perguntar se você é capaz, isso não tem como dizer, tudo o que eu posso te falar é pra prestar atenção na vida e andar com uma caneta. O resto das suas arestas os ventos da juventude hão de polir.

Ele começou a mijar com a porta aberta – somos amigos e pá, mas isso era um pouco demais – e daí? Coutinho é o cara. Leu de tudo, escreveu de tudo e tinha trabalhado pra caramba. No fundo eu estava feliz de ter ido lá, tomara que eu o veja em breve... o velho Mário (confesso que escrevendo isto agora, somente um mês depois do encontro, sinto um aperto de saudades no meu coração).

Coutinho voltou para a sala, levantou a braguilha e retomou a palavra, eu estava morto de cansado no sofá, mas tentava me concentrar em cada sílaba, como eu fiz a vida toda com todos aqueles que me interessavam – os malucos, os que nunca estão satisfeitos, os que nunca terminam uma ligação telefônica, que sempre querem mais e mais atenção, os lutadores que fazem o sinal da cruz antes de cada round, os que beijam a mãe antes de sair para rua e desobedecê-la, ou seja, os que nunca abandonam a intuição e assim, nunca se abandonam. Ele saiu do banheiro e seguiu em minha direção: – É trabalho, rapaz… e se você quiser mesmo encarar, tudo o que eu posso te dizer agora é boa sorte – e ofereceu-me um abraço de despedida. O filho da puta não tinha lavado a mão.

As Grandes Navegações

Minhas mãos são naus à deriva nas ondas dos teus lençóis, presas nas quatro margens de um mar de mil fios egípcios. As noites se emendam nos dias e já não sei ver entre as cortinas ásperas do Othon Palace. Só me resta navegar entre as monções dos seus humores. As grandes navegações podem durar meses.

Na calmaria, o edredom se amansa como que lagoa, e o vento do ar climatizado não me puxa para lugar algum. São os dias em que se espera por outros melhores. A navegação para e a imaginação se alarga no silêncio. Ficou pra trás a mãe a se definhar contra tablado da Igreja de Lourdes. Ficaram os amigos navegando em cerveja atrás das velhas aventuras, num eterno Happy-Hour-Regressão, de hora e mesa marcada. Nessas horas, só se ouve o sapatear da multidão, trocando papeis e caixas na Feira Hippie.

Mas sei porque estou aqui: às vezes novos ventos sopram pela porta e meu coração sobe à proa. Você caçoa. Onde estás, Vasco da Cama? E puxo as velas em direção a seus sussurros. Me guio pela sua astrologia, seguindo as pintinhas dos seus ombros. Vou descendo pela costa atrás da vegetação nativa de um porto a ser explorado. Ali me atraco. A recepção é sufocante: o estranhamento do primeiro contato logo substituído pelo escambo de saliva por todo o litoral. O tecido fino sob a pelugem da mata viva, o veludo da fruta fresca sob as palmas do descobridor. Mas no meio do banquete, a gana do conquistador escorre pela terra virgem, que pisoteada se descobre – veja só – invadida. A entrega do tesouro, antes ardente, logo se amorna sob a brisa do novo dia.

Pela manhã que se anuncia pelas frestas, me resta a partida em discreta vergonha. Lá embaixo, junto meus cacos às sombras dos milhares de pagãos e já me vejo a ancorar com mil relatos a serem admirados e repetidos aos marujos que ficaram no bar. E fica a cargo destes historiadores apontar quem é heroi. Quem descobriu a América ou quem descobriu suas pernas. Mas um dia, algum de nós há de reparar: as grandes descobertas duram para sempre, desde que se esqueça de perguntar a versão de quem ficou sozinha por lá.

O primeiro beijo do Maurício

Maurício se agacha e dá uma olhada embaixo do sofá. Em um movimento, vira as almofadas no chão: faltam 40 centavos. A mesada, de quinze reais por semana, está toda gasta: 4 rosas e 1 caixa de Bis Branco. A busca pelos trocados continua, maldita passagem de 2,80, são duas pra ir e duas pra voltar. Foda-se, tudo para ver a Vilma.

A camisa roxa que ganhou do tio no Natal meio que combina com a calça jeans do irmão mais velho, que combina com o Gel NY Looks roubado do primo, que brilha mais que o sapato preto que pegou do pai, da mãe que levou um beijo e se foi. O seu grande trunfo era o pequeno relógio quadradinho de ouro que pegara emprestado com o avô ex-taxista. Teve dificuldade de ler os ponteiros fininhos, era 13:44 quando saiu de casa.

Tamborilava os pequenos e gordurosos dedos no banco corrido do ponto, olhando fixamente para a avenida, era uma quinta-feira de junho. A caixa de Bis vinha se derretendo no bolso da calça: não queria que ela sumisse – que nem acontecia na propaganda da TV. Diferentemente das outras vezes, que não deram certo, Maurício não havia programado a conversação toda na sua cabeça. Foi ouviu atentamente os precisos conselhos do irmão virgem de 22 anos:

"Ah, Mauricinho, beijo não se pede... vai chegando perto dela, assim, de frente mesmo, aí quando vocês ficarem calado, você mete a boca lá, sô."

Na cabeça dele, o grande momento não ia demorar, Vilma nunca foi de falar muito. Pra falar a verdade, eles nunca convesaaaaaaaaaaram de verdade, daquelas conversas que você só tem com amigos, sabe, era mais coisa de escola mesmo, acho que é assim pra todo mundo, né? Tá, na verdade a Vilma fala pra caramba, mas não com ele. "Talvez ela fosse uma pouco tímida, que nem eu" tentou se convencer. Não que ela fosse feia, mas Vilma era um pouco acima do peso, usava aparelho e tinha a voz um pouco falha, não conseguia terminar uma frase sem perder o volume.

Bá, não que Maurício estivesse apaixonado, nada disso, mas pô, vamos entender o menino, ele ia chegar bê-vê no 1º ano do Ensino Médio? Ia pegar mal! Todo mundo já detonava nas festinhas de 15 anos e ele só ficava ao redor da mesa comendo marshmallows coloridos ou então fazendo parte do Comitê Interrogatório que rolava depois que algum dos meninos catava uma das meninas ("E aí? Ela deixou você passar a mão? Você vai pegar ela outras vezes? Por que você não levou ela lá fora?"). Não que fosse pouco, ele até gostava, mas o mundo esperava mais dele. O seu mundo era a aprovação de todo mundo. Ele tinha de beijar. E pra todo mundo ver.

Largou-se na Av. Amazonas, era a primeira parada, no centrão. Andou pelas ruelas, passando devagar pelos puteiros, pensando naquilo tudo. Irritou-se com a casualidade com a qual homens de todas as caras subiam e desciam aquelas escadas. Eles iam e faziam sexo, e depois simplesmente desciam? Sem nem dar um sorriso? Imagino como era um ambiente daqueles, uma versão urbana da propaganda da Itaipava," com certeza não é nada muito longe disso" sonhava. Entrou em novo balaio rumo ao São Bento.

A história não é lá muito hollywoodiana, nada parecido com 500 dias com ela. Foi assim, ele falou com Marcinho que tava aflito, pois ainda era BV e já tinha quase 16. Marcinho chamou o cara certo para ajudar, um rapaz popular e que saberia como encaminhar a questão, o Rodox ("Relaxa, Mau Mau, o cara é gente fina, só é meio tirado...")

Na sorveteria, depois da aula, Rodox tirou o Iphone da mochila e começou a passar o indicador direito nervosamente: deve ter alguma chica para o nosso amigo Maurício.

– A Luisa?

– A Lopes ou a Navarro? Qualquer uma das duas seria topzêra.

– Sem chance, Mau, as duas tão enroladas.

– A Patrícia eu topo.

– Com aquele loiro puta presa dela?

– Calma, que eu te arranjo coisa melhor: a Vilminha.

Era perfeito. Ela já tinha uma fama na escola, não era lá muito top, mas era popular e não tinha nada demais com ela, diziam que ela já tinha dado para um cara do 2º ano em uma matinê sub-17. Ela era meio louca, traiu o namorado na própria festa de 15 anos! Mas isso era passado, foi lá em Janeiro. Já estávamos quase no meio do ano e Maurício passou a procuração pro bando colocar o plano em ação.

Duas batidas no ombro esquerdo. Bilhete entregue. O que você acha do Maurício? Quem é Maurício? O gordinho de boné da Redley. Amigo do Cenoura. Que anda com o Marcim. Ahm...? Que que tem?... até o fatídico "Vc fikaria com ele?".

Ele parou em frente ao Falls, já no São Bento, e com o mapa do Google impresso nas mãos, começou a sua jornada pelas ruelas do bairro. Costumava pensar que existia um timer imaginário, marcando quanto tempo faltaria para o primeiro beijo, a cada hora esse relógio ficava mais próximo do zero, ele sentia isso à medida que ia caminhando, nervoso, a camisa pinicava e a palma da sua mão coçava arredia. Maurício então achou a casa da moça. Ritualístico, tirou a caixa de bis do bolso (sentiu que aquilo tinha sido uma má ideia) e buscou uma ice kiss vermelha do fundo. No bolso de trás tinha uma camisinha que o Rodox havia lhe dado. Ela estava sozinha em casa.

– Oi, Vilma! Você chamou e eu vim, né?

Ela olhava atônita para as rosas, nem reparou no gel. Quem olhasse da rua ia ver um garoto de nove anos e uma mulher de vinte e três. Ela resgatou as rosas das mãos dele e entrou pra cozinha. Ele, bobo e branco, deu dois passou pra dentro da casa. Reparou na pouca mobília, no tapete Welcome, algumas fotos de família, filha única, sem avós, sofá marrom, pouca personalidade, deve parecer com a casa da Sônia Abrão. Ele respirava no "manual" se esforçando para não se esforçar. Ela voltou com a cara morna, ele estava com a boca aberta. "Ok, Maurício" e num movimento rápido ela colocou seus quatro longos e finos dedos no punho dele e puxou com força para si. Com a precisão de um cirurgião entediado, colocou suas grandes mãos sobre as bochechas suadas do garotinho e o beijou na boca.

O coração do menino relaxou, suas mãos ficaram paradas. O primeiro toque da boca da moça mexeu com a sua cabeça – parece aquela comida japonesa – pensou sobre a própria língua que, sozinha se arranhava no aparelho alheio, navegava no revolto mar de saliva, ele respirava com dificuldade. Quatro segundos depois tudo voltou para a sua devida posição corporal; e ele tinha de falar alguma coisa.

– Vilma...

– Aqui, eu tenho que malhar, então depois a gente se fala pelo MSN, tá? Cê vai na Sub-17 domingo?

– Vou, vou sim...

– Então, tá bom, Maurício, beijinho, tá?

O portão se fechou. Foi a primeira vez que as duas partes do seu cérebro se reuniram naquela tarde. Então era isso. Tinha beijado uma menina na boca. Mesmo com o gel roubado e a calça larga, mesmo com o sapato do pai e o Bis esquecido derretendo no bolso. Ele tentava se animar, mas a verdade o leitor já conhece. Foi uma bosta. Então era isso? Mesmo? Sem magia, sem flutuar, sem purpurina – começou a caminhar pro ponto de ônibus. Pensou em ligar para o Rodox pra dizer que deu certo, até que se lembrou de que não havia dado certo. Sentiu–se estranho e incerto. Na boca, um gosto agridoce e metálico, não era perfume ou canela. A *Ice Kiss* ficou na boca da Vilma.

Sunny Motel

Herdei algumas coisas do meu pai. Por exemplo, o caminhar: o pé direito fica levemente jogado para a direita e o esquerdo fica meio de lado, apontando para a fora, de uma maneira que a nossa passada acaba formando uma posição "dez-pra-uma da tarde". Foi como ele apelidou. Outra coisa que ele me deu foi o seu jeito distraído de viver, é um pouco esquisito, mas parece que eu e ele não simplesmente não conseguimos diferenciar Brahma de Skol, a voz de Paul da do John ou um fone de ouvido muito bom de um apenas bom. Sem contar a mania de sentar de pernas abertas na beirada de uma escada toda vez que precisamos ter uma conversa séria com alguém, coisa de bicho do mato. E assim a coisa anda. Distraídos venceremos.

Talvez seja por isso que naquele almoço de sábado ele não tenha visto o machucado na minha testa. Todos sentados na mesa da cozinha, comendo lasanha, quando o velho voou na geladeira sem olhar para os lados. A nós da mesa restou ouvir o inconfundível som do copo se enchendo de suco de caju, o pai abriu o freezer e estranhou:

– Uai, Marcinha, cadê os gelos desta casa?

Mãe suspirou e segurou para não me entregar. Ele precisou olhar para a mesa para receber uma resposta.

– Eu usei todos ontem, pai. Machuquei o rosto.

Virei o rosto para ele ver. Passou seus dedos secos bem em cima. Ardeu.

– E onde cê arrumou isso aí, menino?

– Caí bem na quina de uma das carteiras da faculdade.

Silêncio na mesa. Ele sorriu. Tudo bem, nós não éramos muito aptos para os sentidos, mas decerto sentíamos um ao outro. Ali ele entendeu o que tinha acontecido, não me julgou, nem ficou preocupado. Apesar de eu já ter passado por esse mesmo problema dezenas de outras vezes mesmo depois da adolescência, ele sabia que eu sempre me cobria com um bom motivo.

– E valeu a pena, Rafael? – disse rindo da minha cara quebrada.

– Valeu.

O que aconteceu foi o seguinte: entrei em uma briga meio boba com um colega meu. Antes de sermos separados, ainda deu tempo de tomar um mocó bem no lado do rosto, perto da orelha. Mesmo assim, acho que valeu a pena... e o soco só doeu o que doeu porque eu estava de boca aberta, sorrindo.

Era uma quinta-feira e teríamos a nossa última prova do semestre. Para a minha surpresa, ao entrar na sala descobri que o professor do primeiro horário havia faltado. Logo, a maioria do pessoal se reuniu em pequenos grupos para estudar para a prova que viria em seguida. Acabei preferindo ficar sozinho com meus livros.

Eu tenho poucos amigos na faculdade; entretanto, me dou bem com a maioria do pessoal e realmente gosto de vários dos meus colegas. Alguns eu admiro de longe, de outros eu busco me aproximar cada dia mais. Como é natural, também existe uma turma com a qual eu não costumo trocar palavras. O problema é que alguns deles são caras legais, mas quando estão em grupo ficam bem entediantes. Normal.

Voltando à briga: estava sozinho, estudando ao lado da janela, na última carteira, bem no fundo da sala. Então eu vi um dos meus desafetos, Pablo – ou Pablão, como também é conhecido – um moreno alto de cabelos curtos e espetados, estava contando pro pessoal mais uma de suas incríveis peripécias sexuais. Isso era rotina nos intervalos; todo mundo sabia que ele tinha uma namorada chamada Priscila (embora ela nunca tenha sido vista nos churrascos) e que ele frequentemente a levava para o seu lendário apartamento na Serra, isso quando não combinam de se encontrar em motéis na hora do almoço. Enfim, toda semana a gente ouvia um caso novo, quer dizer, eu ouvia enquanto fingia ler ou prestar atenção na aula. Afinal, que escritor resiste a um bom caso de amor?

Naquela noite, ele estava contando sobre como havia arrastado uma caloura deliciosa da Enfermagem depois de uma balada no Chalezinho. Pablo dizia que não gostava de trair, mas não podia passar duas semanas sem "mastigar", afinal, Priscilinha havia colocado silicone e por isso estaria "encostada" por 12 dias. Na situação, ele levou a caloura para os fundos do Parque das Mangabeiras, um point conhecido para esses fins, e que chegando lá, a menina disse que não queria ali, dizendo que não era uma qualquer e que "pra valer a pena" tinha de ser em um "lugar direito".

Certo, o Fiat Punto amarelo seguiu rumo ao Greenpark Motel, Jamiroquai tocava ao fundo, enquanto sua mão direita se revezava entre a marcha do carro e a coxa da garota, ao passo que a mão esquerda dela já tinha se decido por acariciar um certo "freio de mão". Me chamem de curioso, mas é uma história bem mais interessante do que Teoria Geral do Direito Privado I. Chegando lá e "feito o serviço, né?" Pablo contou que ela havia ficado tão satisfeita que resolveu pagar a conta sozinha, sendo que eles haviam pegado uma suíte superluxo, com ducha dupla e quatro canais eróticos, algo longe do padrão de tratamento que ele dava para a Priscila. Ou que ela dava para ele. Enfim, falar o quê? Sensacional, hein, Pablão? Apesar de grande fã, eu não acreditava nas histórias, embora elas não fossem muito difíceis de serem imaginadas, pelo menos na minha fértil mente de voyeur ouvinte.

Terminado o relato, começou um debate sobre qual seria o melhor motel de BH, cada um contava nacos das suas experiências no campo e acabava por dar o seu voto, então, muitas pessoas se juntaram em volta dos rapazes. Sentado, tentava voltar-me para os livros.

A coisa evoluiu e virou uma enquete. E ninguém menos do que Pablo, pessoalmente, seguido por três membros de sua entourage, começou a circular pela sala coletando os votos de cada um. Primeiro com toda a ala da esquerda e então seguindo. Alguns não quiseram opinar, mas a maioria quis comprovar que sua sexualidade estava ativa. Seguindo nessa ordem, ele foi cruzando a sala, perguntando um a um e anotando os votos em um papel de caderno arrancado. Seguindo à lógica, eu seria um dos últimos a responder e, como a sala estava vazia naquele horário vago, logo a minha participação seria solicitada. Nem preocupei em elaborar uma resposta, iria sair de improviso.

Não demorou até eu sentir sua sombra sobre mim: estava cercado pelos rapazes, todos sorrindo, meio em chacota, como se esperassem uma confissão de zerolice ou alguma resposta que deixasse claro que eu não vinha comendo ninguém há algum tempo. Pablo se sentou na carteira à minha frente e se virou para trás, na minha direção, fingindo ser um bom amigo meu:

– E você, Rafa, tem algum motel favorito? Tipo, algum que você frequenta... sabe como é?

Então eu olhei firme para ele, ignorando os seus capangas e fiquei sem expressão por uns bons dois segundos, pensando no que dizer. Até que algo irresistível passou pela minha cabeça e eu sorri, tranquilo:

– Olha, Pablão, eu não tenho nenhum não, mas eu sei que o preferido da Priscila é o Sunny.

Crônica de Carnaval

É preciso escrever uma crônica para quem passou o Carnaval em Belo Horizonte. Para todos aqueles que começaram devagarinho no Sexta Ninguém Sabe e só colocou os dois pés no chão lá na quinta, no Bloco do Manjericão. Para quem não foi no Manjericão, recuperando-se da ressaca acumulada na Ordinários, na Corte Devassa e na Juventude Bronzeada. Uns versinhos para todos aqueles que, passada mais de uma semana, ainda estão por descobrir como chegaram em casa depois do Então, brilha!

Que desse alento a quem se perdeu entre a Espírito Santo e a São Paulo. Qualquer poesia que devolvesse o sorriso à moça desacatada e o samba à vítima da homofobia. Algo que vingasse minha vergonha pelos taxistas que assaltam os forasteiros em passagem pelo Curral Del Rey. Para quem, sem direito à devida defesa, foi julgado e condenado no Tribunal de Fofocas que é a copa da empresa na Quarta-feira de Cinzas.

Queria escrever para a menina que disse que iria dormir na casa da Aninha e cá entre nós, não teve tempo de dormir em lugar algum. Algo para a inocente do Santa Tereza, que já não sabe se o que bate é o surdo ou seu coração. Dedicado a todas as outras que – como a amiga da Aninha – iniciaram cedo demais nesse jogo insuportável que é o Amor de Carnaval.

Para os meus heróis. O pierrô infeliz que queimou a largada, abraçado ao bidê antes mesmo da saída do bloco. Aquele amigo que, cheirando a Halls preta, do alto dos seus quinze anos, dá preleção ao seu exército de púberes carentes, bradando frases motivacionais baratas e passando a garrafa de mão em mão. São as palavras de ordem: "o não você já tem" e "é melhor acordar arrependido do que dormir com vontade".

Quem sabe uma crônica que alegrasse o amigo apaixonado, que teve de segurar a catuaba quente da amada enquanto esta se aninhava no abadá de outro, cujo nome ela não se deu o trabalho de perguntar. Que atingisse os ambulantes que na sexta vendem Brahma a preço de Stella e na terça a preço de Cristal. E principalmente, algo que fizesse os garçons chatos da Status deixar os foliões usarem o banheiro em paz.

Uma crônica para as mães que ficaram em vigília constante pelos filhos na batalha de Diamantina. Para as mães que, com seus olhinhos, costuram e remarcam os abadás coloridos, que, depois do Carnaval, tomarão seus lugares definitivos em academias de ginástica e quadras de pelada no Esplanada. E também para aquela tia que irrompe no pré da galera distribuindo camisinhas entre os meninos, ainda que, no fundo, nenhum deles ambicione usá-las.

Imagine só, uma homenagem aos atendentes da Net em plantão em pleno domingo de Carnaval, aos técnicos da COPASA, da ThyssenKrupp. Aos caixas da Araújo, anjos sorteados na escala para não nos deixar cair em ressaca. Principalmente, aos garis que me acordaram na manhã de terça-feira, com gosto de domingo na boca.

Bastaria que esta crônica fosse um sopro que acalme o coração de quem, em plena Praça da Estação fervilhando em palhaços, índios, diabinhas e baianas, toma ciência de que no dia seguinte todos se esconderão atrás de crachás e bocejos, para lugar a grandes carros prateados e ônibus lotados, nos quais eu e você estaremos esperando solenemente pelo próximo Carnaval em Belo Horizonte.

Pequenas ressacas

As pequenas ressacas são culpa do pouco sono. Ainda que a vizinhança pegue leve no domingo, o sono dos bêbados é perturbado e muito não dura. Especialmente o do experimentado, que tomou o cuidado de beber todas as garrafas de água da geladeira.

Com a barriga apertada de água, no calor intrépido de uma manhã que começa mal, deito na cama e penso: "Amanhã, farei diferente". E não faço. Aliás, faço pior. Quando acordo do pouco sono, em pequena ressaca, desço à padaria e compro mortadela, cigarro de palha, leite, bisnaguinhas Seven Boys e um Gatorade Morango-Maracujá – a confissão de que ontem bebi e chorei a plenos pulmões.

Não fumava havia meses, quiçá um ano. A mãe fumou por toda a vida. Durante a gravidez, fumava um maço por dia. Aliás, é desse tempo a foto dela que mais gosto. Ela na varanda da Pousada Bouganville, com os antebraços espraiados no para-peito de metal, um cigarro bambo na boca, tinha acabado de acender. Meu pai tirou da recepção, sem que ela visse. Na foto, dá para cheirar o frescor dos seus cabelos.

Na sua última noite no CTI, ela me chamou para o seu lado e pediu que eu nunca, nunca fumasse. Disse que era para eu prometer. "Por tudo o que é mais sagrado". E eu prometi. "Então fecha a janela para a sua mãe dormir". Era um daqueles novos hospitais do Mater Dei, na Contorno, com as janelas escurecidas que não deixam a luz entrar durante o dia e se transformam em espelhos quando chega a noite. Fechei a janela e vi o meu rosto de rapaz – a pele grossa, a barba rala, os olhos miúdos e muito pretos – e só então percebi o quão era parecido com os meus pais. Quando virei para o leito para contar a descoberta, minha mãe já estava dormindo para não mais acordar.

Na noite após o enterro, eu não bebi. Só na seguinte, e na seguinte, e na depois dessa. Meu irmão comprava a cerveja antes de voltar para a casa e nós a bebíamos sem falar nada, num ritual de complacência que poderia durar horas e só terminava depois que cada um matava uma garrafa de água da geladeira. Então, era hora de dormir.

Guardada a foto na gaveta, apoio os cotovelos na varanda e acendo o picado. A padaria já vai fechando, e não há uma alma-vida no térreo para tirar uma foto. O tempo amarga no espaço. Na crista da pequena ressaca, espero o dia virar noite, a janela virar espelho, na esperança de que um dia, ela me mostre quem eu sou.

Ontem à noite, no Maletta

É véspera de feriado municipal e ainda assim consigo uma mesa de varanda no Maletta, onde te esperarei em vão por mais de quarenta minutos. Mas isso eu não tinha como saber àquela hora, e disfarçava minha silenciosa vigília sobre os corredores nos quais você ficou de passar.

Vem me atender um jovem magro, cuja armação dos óculos é tão grossa quanto seus braços. Dispenso a Carta de Vinhos e peço uma Original e dois copos. Sinto muito, mas só trabalhamos com rótulos estrangeiros e locais artesanais. Me vejo obrigado a tomar uma Heineken, igualzinho a que faz às vezes de vaso de flores na decoração das mesas.

Quem acompanha o Maletta de longe tem a impressão de que o mesmo bar multiplica-se entre os diferentes slots da varanda. Para o leigo, todos são parecidos: a visível tentativa de "bagunça organizada" dá ao ambiente a artificialidade de uma pista de boliche. Das mesas de madeira, aos sofás de couro com estrias, passando pelos pôsteres grunge e pelo Macbook a tocar b-sides do The XX, tudo tenta fazer sala para o público alternativo. Mas no fundo, no fundo, ninguém queria que ali fosse seu quarto.

A segunda garrafa é posta em jogo. Nada de "camisinha térmica" ou "contagem por rótulos": o garçom vai diligentemente registrando meus pedidos em um Ipad nano. Mas os novos tempos não chegaram para todos. Na parte de dentro continuam cortando cabelo e confeccionando ternos como ainda se fosse 1974. Na parede da barbearia, o único sinal de que o tempo passou é o pôster do Campeão Mineiro de 2009.

A "hipsterização do Maletta" é um dos movimentos mais interessante da colmeia belo-horizontina. Os doutrinadores de botequim divergem na matéria: recolonização do Centro, a tendência à individualização do consumo corporificada numa long neck, o fetiche em ser flagrado por alguém em um brechó ou sebo. Estão todos errados. Assim com o Brasil Pré-Cabral, o Maletta estava ali o tempo todo antes de ser descoberto por essa galera esperta. E a verdade é que, à parte da varanda, pouco mudou: os aposentados continuam a equilibrar suas torres na calçada irregular do Sindicato do Chopp, alunas do cursinho estalam seus calcanhares de anjo pela Guajajaras e casais saudosistas comem a parmegiana da Cantina dos Lucas, lembrando-se dos tempos em que a escada rolante funcionava.

Aos poucos, a sua cadeira vazia começa a ser mais cobiçada do que a minha companhia. A varanda inteira está tomada de pessoas interessantes. Não há brindes ou aniversários: todos conversam de muito perto, como na véspera de um conchavo, e se dividem em dois grandes grupos. O primeiro é formado por vestibulandas de chapéu, enólogos precoces, blogueiros viciados em café descafeinado e amáveis tilelês. Estão em desvantagem na proporção de 2 para 1 para o segundo grupo, feito de voyeurs que, como eu, estão ali só para ver se o primeiro grupo frequenta lá mesmo.

Ao final da quarta garrafa, faço sinal para que deem fim a mais essa rodada perdida no campeonato mundial da desilusão. É quando sai do banheiro uma mocinha linda, com ares de pin up e tatuagem de caveira na coxa, andando na minha direção. A cadeira está ocupada? Não, imagina, pode se sentar. Mal dá tempo dela dizer seu nome e a sombra do garçom se apodera sobre a mesa:

– Senhor, aqui está a sua conta.

Escreva na testa o seu sonho

Escreva na testa o seu sonho. Do melhor jeito que puder: caneta colorida, pasta de dente, glitter, batom, tinta a óleo, o que lhe aprazer. O ideal é que a tinta não saia com suor, aliás, vou até recomendar o contrário: que fique ainda mais legível ao final da tarde. E a grafia tem que estar perfeita – bem redondo cada pingo de cada i – afinal, é o que você vai ler toda vez que for ao espelho. Todo e qualquer espelho.

Não pegue a testa emprestada dos outros, muito menos o sonho. Tem de ser o seu próprio sonho na sua própria testa. Vê se não escreve em ninguém, ainda que te peçam. E não deixe que escrevam na sua. Tem aqueles que se aproximam e não conseguem ler o que você escreveu. É um D ou B, um N ou um M? E acabam querendo corrigir elas mesmas a sua ideia de sonho. Não fazem por mal, decerto querem te ajudar, mas para isso, você tem que deixar bem claro o que tá na sua testa: este aqui, ó, é o nome do meu sonho.

Se ele for pequeninho, faça as letras maiores e dê mais espaços entre cada uma: torne-o alto, vigoroso, legível à distância. Se for o caso, coloque pisca-pisca na época do Natal. O mundo irá abrir espaço para você passar. Se não quiserem ler, leia para eles, em voz alta. Dependendo da situação, grite o nome do seu sonho.

Se seu sonho foi muito grande – grandão mesmo – e não couber na sua testa, tenha método. Você vai precisar dividi-lo em partes ou fases. A minha dica: primeiro escreva o substantivo-núcleo da sua "oração onírica", depois o verbo que o sonho pedir. O sujeito a gente intuí, pelos parágrafos anteriores, que é você.

E amanhã, se o sonho acordar desbotado, respeite-se o bastante para limpar e escrever de novo, até mais forte se for o caso. Não me saia por aí com a testa borrada! Não há nada mais feio do que esse pessoal que, sabendo do sonho manchado na testa, faz cara boa e diz que faz parte. Ora, o sonho da gente? O que escolhemos pra levar na testa? Agora-e-na-hora-de-nossa-morte-Amém? Inegociável.

Para onde vão esses que não tem nada escrito na testa? Não teriam sonhos nenhum? Nem um nada escrito a Bic ali embaixo da sobrancelha? Ninguém vai até eles e lhes pergunta o nome de seus sonhos, seria rude, pouco cerimonioso, o assunto é muito íntimo. Mas se tá aí escrito de todo tamanho, me conforto a pensar que lá vai você seguindo a estrada desse teu desejo imperioso.

E se você estiver com a testa vazia, talvez seja a hora de descobrir qual é o seu sonho. Lembre-se que o espaço é limitado: se escrever muita coisa não vai dar pra ler tudo. No fim, pode ser até que você venha a trocar o escrito uma ou oito vezes, mas o essencial é que você escreva. Escreva na testa o seu sonho.

CARLOS ALMEIDA JOSÉ nasceu em Belo Horizonte, em 1992. É escritor e estudante de Direito. Tem contos publicados no Voz Acadêmica, da Faculdade de Direito da UFMG, e na Revista Blecaute, de Campina Grande/PB. Belorizontino é seu primeiro livro e traz uma coletânea de crônicas feitas para o blog homônimo entre junho de 2014 e novembro de 2015

Editora
LETRAMENTO
www.editoraletramento.com.br